落合陽一に100のプロンプトを入力してみた

猫でもわかる
生成AI

扶桑社

スマホでAIと話してみよう🐾

この本を片手に、プロンプトを声に出して入力してみよう！

この本の使い方

　みなさんは、本書の表題である「プロンプト」とは何か、ご存じでしょうか？

　「プロンプト」とは、AIやコンピュータシステムに指示や質問を投げかけるための入力文字列やコマンドのことです。

　ChatGPTなどに代表される生成AIの場合は、プロンプトで自分の意図や意思を表現することが、非常に重要です。的確で具体性のあるプロンプトを入力できなければ、自分がほしいアウトプットが手に入れられないのです。

　ここ数十年は「検索」のスキルが必須となっていましたが、これからの時代はコンピュータにかかわる人間だけではなく、「プロンプトの入力」を話しながらできたり、AIに気軽に相談できるようになっていくはずです。

　では、生成AIから自分がほしい情報やアウトプットを引き出すためには、どんなプロンプトを入力したらいいのか。

　一番いい方法は、「とにかく実践してみるクセをつけること」に尽きます。

　同じプロンプトを入力しても、AIから取り出せる情報は毎回同じではありません。たとえば「これでは情報が足りない」「求めるアウトプットと違う」という場合は、重ねてトライ＆エラー

Point!
右のマークが出てきたら、ChatGPTやGeminiなど音声AIの読み上げ機能を使って本書のプロンプトをしゃべってみよう！

する必要があります。

　私はこの工程を「ガチャをひく」と呼んでいますが、何度もガチャを回す気持ちでプロンプトを試し続けることにより、自分がほしいアウトプットが手に入るようになるのです。

　本書では、生成AIを利用する際に、私がどういうプロンプトを入力しているのか、どんなふうに利用しているのかを、実例とともに紹介していきます。ぜひ本書を片手に、みなさんも試してみてください。

　トライ＆エラーを繰り返すなかで、きっとコツがつかめるようになっていくはずです。

　一見わかりづらくて難しい印象のある生成AIですが、小さなお子さんから大人まで誰でも理解しやすいように、私と飼い猫であるトラちゃんこと、トラ彦との対話形式で、内容を構成しています。トラ彦は、2020年11月12日に生まれたエキゾチックショートヘアの男の子で、おそらく生成AIについては何も知りません。そんなまったくのIT初心者である彼といっしょに、生成AIや私自身のことについてお伝えしていきます。

　生成AIという新しいパートナーとともに、私たちがどのような未来を創り出していくのかを、トラちゃんといっしょに考えていきましょう。

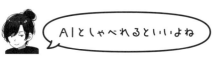

目 次

> Let's try! このマークを見つけたら、AIとしゃべるようにプロンプトを入力しよう！

第1章 生成AIって何だろう？
🐾 ちゅ〜るよりAI 🐾

猫とAIどっちが賢い？

prompt 1
【AIって何？】猫とAIどっちが賢い？ ——— 12

prompt 2
【ニューラルネットワーク】
ニューラルネットワークって何？ 食べられるの？ ——— 14

prompt 3
【歴史】トラちゃんとどっちが年上？ ——— 16

prompt 4
【種類と使い分け】
生成AIにも短毛猫と長毛猫のようにいろんな種類があるの？ ——— 18

prompt 5
【記憶の仕方】生成AIの記憶って、ちゅ〜るの音がした瞬間に
猫が走っていくのと同じ？ ——— 21

第2章 生成AIを使ってみよう
🐾 自分の鳴き声でAIにお願い！ 🐾

生成AIのトリセツを教えて！

prompt 6
【どうやって使うの？】生成AIのトリセツは、生成AIに聞け！ ——— 24

prompt 7
【エージェント機能って何？】
猫がもっと幸せに生きるための方法を教えて！ ——— 27

prompt 8
【どんなふうに使われているの？】
生成AIをみんなはどれだけ使っている？ ——— 32

prompt 9
【使ったほうがいい？】生成AIってちゅ〜るみたいに
みんなにあげたほうがいいの？ ——— 35

prompt 10

【使い方】生成AIって、キャットフードの袋を
ひっかくとごちそうが出てくる感じ？ —————— 36

prompt 11

【プロンプトで大事なのは？】プロンプトって
「にゃー」って鳴いたら、すぐ反応してくれる魔法の言葉？ ———— 37

prompt 12

【身近なものをプロンプトに】身近なものでプロンプトを作るって、
あちこちに転がっているカリカリを探す感じ？ —————— 38

prompt 13

【プロンプトのコツ】プロンプトのテクニックって、
どんな鳴き声なら飼い主がいちばん反応するか考えること？ ———— 39

第3章 生成AIがあれば何でもできる
🐾猫とAIは使おう！🐾

生成AIで
何をすれば
いいの？

prompt 14

【インタビュー】生成AIで何をすればいいかわからないときは
インタビューしてもらおう！ —————— 42

prompt 15

【悩み相談】トラちゃんのパートナーにおすすめの猫は？ ———— 46

prompt 16

【レシピ】家で作れるおやつってどんなの？
お魚とかカリカリを使ったのが知りたい！ —————— 48

prompt 17

【謎解き】イタズラ好きな猫が犯人の謎解きを作って！ ———— 50

prompt 18

【旅行の計画】今度の冒険、屋根の上とかどう？ —————— 52

prompt 19

【プレゼント】飼い主へのサプライズ、何が喜ばれるかな？ ———— 56

prompt 20

【作曲】猫がリラックスできる曲は作れる？ —————— 59

prompt 21

【未来予想】来年のトラちゃんの毛はふさふさ？ ——— 61

prompt 22

【お絵描き】トラちゃんをかっこよく描いてほしい！ ——— 64

prompt 23

【贈り物を考えよう】猫トレンド、今どんなおもちゃや
クッションが流行っている？——— 65

prompt 24

【日常生活のルーチン】毎日のお昼寝とお散歩のスケジュール、
もっといい感じにしたい！——— 67

prompt 25

【小説】ある日、勇敢な猫が世界を救う……そんな冒険小説を作りたい！— 69

prompt 26

【健康】チャームポイントのお腹が気になるから、
日々できるダイエット方法を教えて！——— 73

prompt 27

【ゲーム制作】毛糸玉を積み上げるゲームとか、作れるかな？ ——— 76

prompt 28

【作文】『月刊猫』に投稿する作文のテーマを教えて！——— 82

prompt 29

【ビジネスプラン】猫カフェを開くならどんな作戦がいい？ ——— 85

prompt 30

【歴史の偉人とお話】歴史上の猫と話をできる？——— 89

第4章 技術的負債の棚卸しって何？

技術的負債
って何？

親猫も子猫も役立つ生成AIの苦手克服術

prompt 31

【技術的負債の棚卸し】「技術的負債の棚卸し」って何？ おいしいの？— 94

prompt 32

【過去事例】オチアイが技術的負債の棚卸しで作ったものは？——— 97

prompt 33

【独学】子猫も大人猫も生成AIでお勉強する時代？——— 100

prompt 34

【工夫】新しいことを学ぶとき、どんな工夫をすればいい？ ——— 103

prompt 35

【質問のコツ】新しいことを学ぶとき、上手な質問の仕方は？ ——— 105

prompt 36

【外国語】海外の猫の飼い主と話がしたい！ ——— 106

prompt 37

【検索】有名な猫について教えて！ ——— 109

prompt 38

【プレゼン】猫の集会での発表の準備をお願い ——— 112

prompt 39

【スポーツ】ジャンプ力を鍛えるにはどうしたらいい？ ——— 115

prompt 40

【仕事の効率化】効率よくネズミを捕まえる方法は？ ——— 118

prompt 41

【写真集制作】猫のグラビア写真集って作れる？ ——— 120

第5章 生成AIをもっと活用するために
😺猫の手も借りたいときのプロンプト術😺

生成AIを活用するコツは？

prompt 42

【プロンプトを微調整】答えがイメージと違う！
毛並みを整えるようにプロンプトは調整できる？ ——— 124

prompt 43

【プロンプトのアレンジ】
答えにトラちゃんらしいアレンジを加えるコツって？ ——— 126

prompt 44

【ソースを調べる】生成AIの答えの正確性を高める方法ってあるの？ — 128

prompt 45

【回答の修正】答えをふわふわの毛布みたいに
いちばんしっくりくる回答にしてもらうには？ ——— 129

prompt 46

【回答の検索】犬語じゃないのに、わからない単語が出てきたら？ ——— 130

prompt 47

【プロンプトの言い回し】おやつをねだるみたいに
ほしいものをお願いしてみよう！ ———————— 131

prompt 48

【フィードバック】フィードバックするときのコツを
もっと嚙み砕いて教えて ———————————— 133

第6章 生成AIを安全に使うには？
🐾お気に入りのおもちゃみたいに
うまく使いこなすヒミツ🐾

生成AIを
安全に使う
には？

prompt 49

【回答の正誤】生成AIの答えはボス猫のようにいつも正しい？——— 136

prompt 50

【インプットのNG】生成AIに教えちゃダメな秘密って何かある？
お気に入りの隠れ場所とか？ ———————————— 139

prompt 51

【変な回答】生成AIがときどき変な返事するのって、
猫みたいに気まぐれだから？ ———————————— 142

prompt 52

【トラブル事例】生成AIって世界のニュースで
どんなトラブルを起こしている？————————————— 144

prompt 53

【できること＆できないこと】生成AIにどこまで頼っていいのかな？— 146

第7章 生成AIと生きる未来
🐾AIといっしょにどんな世界が見える？🐾

生成AIは
未来をどう
変えるの？

prompt 54

【未来】未来の生成AIってちゅ～るを差し出して
くれるようになる？ ————————————————— 150

prompt 55

【家族になる？】生成AIが家族みたいに隣で
ゴロゴロしてくれる時代が来る？ ———————————— 154

prompt 56

【研究するには】生成AIを研究する猫になるにはどうしたらいいの？── 158

prompt 57

【マイ生成AI作成】自分だけの生成AIを作るなんて
オリジナルレシピを作るみたいな感じ？ ─────────── 161

prompt 58

【人間は生成AIに支配される？】将来、生成AIがキャットタワーの
頂点に立っちゃうことってあるのかな？ ──────────── 163

prompt 59

【変わらないもの】生成AIがどんなに進化しても、
ちゅ〜るのおいしさは変わらないよね？ ──────────── 166

prompt 60

【生成AIと生きる世界】生成AIといっしょに暮らす未来って、
猫も人間ももっとワクワクする世界？ ──────────── 169

第8章 オチアイ先生にいろんな
プロンプトを入力してみた

日常生活でも
生成AIって
使える？

prompt 61	毎日のスケジュールはどんな感じ？ ──────	174
prompt 62	メモはする派？　しない派？ ─────────	178
prompt 63	体調を崩したときはどうするの？ ───────	180
prompt 64	移動時間は何をしているの？ ─────────	181
prompt 65	1日の中でいちばん好きな時間は？ ──────	182
prompt 66	優先順位のつけ方は？ ────────────	184
prompt 67	いちばんやりたくない仕事は？ ───────	185
prompt 68	他人をやる気にさせる秘訣は？ ───────	187
prompt 69	ストレスを感じる仕事とは？ ─────────	187
prompt 70	集中力を高めるため、日ごろ意識するのは？ ──	189
prompt 71	ファッションはどうやって決めているの？ ──	190
prompt 72	経営者として意識していることは？ ─────	191
prompt 73	未来予測するときに意識することは？ ────	192
prompt 74	ビジネスで意識していることは？ ───────	194

prompt 75	おもしろいビジネスの基準とは？	195
prompt 76	ビジネスで成功するための秘訣は？	196
prompt 77	あきらめないでいられる秘訣は？	198
prompt 78	健康法は実践している？	199
prompt 79	仕事とプライベートのバランスは？	202
prompt 80	お酒を飲むのはどんなとき？	203
prompt 81	好きなお酒は？	205
prompt 82	自分の中の執着とはどうやって距離を取る？	206
prompt 83	パソコンは何を使っているの？	211
prompt 84	スマホは何を使っているの？	212
prompt 85	日常の装備品はどんなもの？	213
prompt 86	ホーム画面はどうなっている？	217
prompt 87	なんで猫が好きなの？	219
prompt 88	顕微鏡で観察しておもしろかったものは？	220
prompt 89	教育者として何をしているの？	221
prompt 90	生成AIが人間の教師の代わりになる可能性はある？	222
prompt 91	子どもの教育についてどう考えている？	224
prompt 92	ライフワークバランスはどう考えている？	226
prompt 93	生成AIは好きですか？	227
prompt 94	DJやVJ活動について教えて！	228
prompt 95	日々どうやってインプットしているの？	229
prompt 96	「メタマテリアル研究」って何？	231
prompt 97	死んだらどうなると思う？	232
prompt 98	五感でいちばん敏感なのは？	235
prompt 99	落合陽一にいろんなことを聞いてみよう！	235
prompt 100	仕事のモチベーションはどうやって保っているの？	237

【本書の注意事項】
・本書は2024年12月現在の情報をもとに、スマホやPCでAIが使用できる環境を想定して制作しています。
・AIが生成する情報には誤りが含まれている可能性があります。
・本書の利用により発生したいかなる損害に対しても、著者および弊社は責任を負いませんので、ご了承ください。
・本書に登場する会社名、製品名、サービス名は、通常、それぞれの開発元や提供元に帰属する商標または登録商標です。本文では、TMや®などのマークを省略して記載しています。

> トラちゃん、スマホの準備はできた？

第1章

生成AIって何だろう？

😺 ちゅ～るよりAI 😺

近年、急速に存在感が増している「生成AI」。多くの人が生成AIを日常に取り入れている一方、いまだに「どんなものかよくわからない」「どうやって使えばいいのかわからない」という人も少なくないはず。そんな疑問をトラちゃんがオチアイにぶつけてみました！

> オチアイ！スマホ持ってないから貸して～

CHAPTER 1

AIって何? —— prompt1

猫とAIどっちが賢い?

ねえ、オチアイ。最近、「AI」ってよく聞くよね。猫とか人間とは違うものなのかな? 僕みたいにフゴフゴ言うのが得意だったりする?

AIはフゴフゴ言うのは得意じゃないけど、文章を書いたり、絵を描いたり、音楽を作ったりするのが得意だね。

Let's try! このマークを見つけたら、AIとしゃべるようにプロンプトを入力しよう!

そもそも、AIって何なのかなぁ。

(AIって何?)

ちょっと難しく言うと、<u>ある条件を最適化する計算手法</u>のことだよ。たとえば、「『私はロボットです』を英語に訳す」「『1+1を50回足して』という日本語をプログラミング言語で表現する」みたいな問題に対して、最も効率的な回答をAIが探してくれるんだ。

何か難しいね……。じゃあ、AIもちゅ〜るを食べて「最高!」って思ったりもするの?

うーん、AIには感情や味覚はないかな。でも、AI

は、センサーを使ってトラちゃんが好きなちゅ〜るの味をデータとして学習して分析することはできるよ。たとえば、「トラちゃんはサーモン味が好きだから、次はこれをすすめよう」って提案するのは得意だね。

フゴフゴ……AIにはちゅ〜るの味がわからないんだね。かわいそうに。僕とAI、どっちが賢いのかな？

OpenAIというアメリカのIT企業が発表したChatGPT o1のプレビューはMENSAのテストでIQ130に相当する知能を持っていることがわかったんだ。人間の知能の平均はIQ100前後と言われているよ。つまり、最新のAIは人間の平均を上回る知能を持っているから、トラちゃんより賢いと言えるね。

え、ちゅ〜るの味がわからないのに？　僕より頭がいいの？

もちろん賢さの種類は違うと思うよ。AIはたくさんのデータを一瞬で処理して、新しいものを作り出すのが得意。トラちゃんにはそのデータの意味を感じたり、周りを癒やしたりする力がある。トラちゃんのモフモフ感はしばらくAIには真似できないんじゃないかな。

ニューラルネットワーク　prompt2

ニューラルネットワークって何？食べられるの？

AIのしくみって、だいぶ複雑そうだねぇ。キャットタワーみたいに入り組んだ感じなのかな？

AIのしくみは、キャットタワーよりはだいぶ複雑かな？　たとえば、最近話題になっている「生成AI（Generative AI）」は、大量のデータをもとに新しいコンテンツを作り出す技術なんだけど、主に「機械学習」によって成り立っているんだ。

機械学習……？

機械学習って何？

機械学習は、AIがデータを使ってパターンを学び、そのパターンをもとに将来の結果を予測したり判断したりする技術のことを指しているよ。天気予報やスパムメールのフィルタリングが機械学習の一例としてよく挙げられるね。そこで「深層学習」が、この10年ぐらいよく使われている。これは、「ニューラルネットワーク」というしくみを使って、データの特徴を自動で見つけ出すことができるんだ。

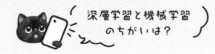

深層学習と機械学習のちがいは？

ニューラルネットワークっておいしいの？ 食べられる？

ニューラルネットワークは、食べ物じゃないよ。簡単に言うと、神経回路のしくみをヒントにして作ったAIの学習方法だね。

 ふーん。脳のしくみ？ 僕の頭の中とも関係あるのかな？

人間やトラちゃんには「情報を伝える仕事」をしている「ニューロン」っていう特別な細胞があるんだ。ニューラルネットワークは、その動きを真似て作られたものなんだよ。
大規模なデータを扱う際に活躍するシステムなんだけど、ただ覚えているだけじゃなくて、いろんなことを同時に「学ぶ」ことが可能なんだ。

 学んでいる？ それって僕がキャットボールで遊ぶ練習をして狩りのスキルを身につけるみたいなこと？

そうだね。トラちゃんが何度もボールをキャッチする練習をして、狩りがうまくなるのと同じかもしれない。ニューラルネットワークをたくさん使っ

たAIは、たくさんの情報を学んでいく。それが、すごく大きなポイントなんだよね。

いつからあるの？

AIや機会学習の研究が進み始めたのは1980年代だね。それが2010年代後半から生成AIにも応用されて、一気に発展した。実は2024年のノーベル物理学賞は、ニューラルネットワークの理論とそれを支えたコンピューティング技術に与えられているんだよ。同じ年のノーベル化学賞にも生成AIの技術が使われているしね。

すごい大発見だったんだね！

2024年のノーベル化学賞の受賞内容を教えて！

2024年のノーベル物理学賞の受賞内容を教えて！

歴史 ──────────────── prompt3

トラちゃんとどっちが年上？

AIって昔からあるの？ 僕より年上？

うん、実はAIの原型は1960年代から存在したよ。初めて「AI」という言葉が生まれたのは、1956年のアメリカにあるダートマス大学だと言われている。でも、当時はAIに学習させるデータが足りなかったし、コンピュータの性能も今ほどよくなかったから、今みたいに動かなかったんだよね。

ふーん……。じゃあ、最初に登場したAIは、あんまりうまくいかなかったんだね。

まあね。AIはアイデアとしては優れていたんだけれども、使いものにならない時期も長かった。でも1980年代に入ると、ニューラルネットワークが注目されて、再びAIの研究が進み始めた。これが、今のAIの基礎になっているんだよ。

……フゴフゴ。じゃあ、どうして最近になって急にAIが注目されるようになったの？

それは、新しいソフトが生まれたのとAIの計算能力が劇的に進化したからだよ。以前からAIの技術自体は存在していたけれども、専門的なプログラムでしかAIを使うことができなかったんだ。でも、近年は、一般の人がスマホやパソコンで簡単にAIを使えるようになったよね。AIをより手軽に使える時代が来たことで、この技術が社会に一気に浸透しつつある。

あと以前は、AIは分析や計算に使われることが多かったけど、2022年に画像生成AIの「Stable Diffusion」「Midjourney」や文章を作るチャットAI「ChatGPT」がリリースされ、生成AIのクリエイティビティが注目されたんだよ。トラちゃんは今4歳だから、そういう意味ではトラちゃんより年下かもね。

一般の人がたくさん使うようになったからこそ、技術がどんどん浸透しているんだね！ 今じゃ、僕みたいな猫だって使っているわけだしね。

2022年の生成AIの大きなニュースは？

2022年のGoogleのテックブログを調べて！

種類と使い分け

prompt4

生成AIにも短毛猫と長毛猫のようにいろんな種類があるの？

生成AIってどんなものがあるの？ 1種類しかないの？

実はすごくたくさんの種類があるんだよ。

それって、猫に短毛種と長毛種がある……みたいな感じに近いのかな？

そうだね。同じAIでも文章生成や画像生成があるから、たしかに短毛種と長毛種の違いみたいなところはあるかもしれない。簡単に文章生成AIの種類について説明していくよ。まず、**文章生成AIとしていちばん有名なのが「ChatGPT」**だね。これはOpenAIが開発したもので、会話を通じてユーザーとやり取りするAIだよ。**一般的な質問応答から文章生成、プログラムコードの支援まで幅広い用途で使うことができるんだ。**

フゴフゴ……。ちまたではChatGPTが有名だけど、それ以外にもいろんなAIがあるんだね。そのほかにもおすすめのAIがあったら教えて！

「Gemini」と「Claude3.5」かな。Claude3.5は発表されて以来、かなり注目されているよ。OpenAIの元メンバーが作り上げたAnthropicが提供している生成AIなんだけど、プログラミングなどのコードを書くときにはすごく便利なんだ。

Claude3.5は、どんなところがすごいの？

ひとつには、すごく頭がいいよね。そのほか、Claude 3.5は日本語でも高い精度を発揮するから、日本のユーザーにとって使いやすいのもポイントかな。

じゃあ、これからはClaude 3.5を使っておけば間違いないってことなのかな？

うーん、そうとも言い切れないんだよね。生成AIの進化は本当に速いから、ほかのAIが追い越す可能性も十分あるよ。実際、最近登場した「ChatGPT o1」や「ChatGPT o1 pro mode」は、Claude3.5よりも性能がいいんだよね。

そのほかにも注目されている生成AIってあるの？

もちろんたくさんあるよ。有名なのがさっきもおすすめした「Gemini」。これはGoogle DeepMindが開発している新しい生成AIのプロジェクトだね。テキストだけでなく、画像や音声にも対応するマルチモーダル対応を目指していて、ChatGPTより直感的なやり取りができると言われているんだ。

Googleの AIって聞いただけで、なんだかすごそうだね。

ChatGPT o1、Claude3.5、GeminiのLLMの性能を比較して！

そのほかにも、サービスはたくさんあるんだ。たとえば、「Groq」という生成AIサーバは、特に処理速度で注目されているよ。つまり、レスポンスがとても速い。実際、Groqは1秒間に約500トークンを生成できるんだけど、これはGPT-4の25倍の速さだと言われているね。

へぇー、レスポンスが速いと作業もスムーズになりそうだよね。でも、なんでそんなに速いの？

Groqが使っているのは「LPU（Language Processing Unit）」という、AI処理に特化した半導体チップだからだよ。ほかの生成AIでは「GPU（Graphics Processing Unit）」っていう映像や高速並列処理に特化した半導体チップを使うことが多いけど、LPUは言語処理に特化しているから、コードや自然言語の処理を高速で行えるんだ。

記憶の仕方　　　　　　　　　　　　prompt5

生成AIの記憶って、ちゅ〜るの音がした瞬間に猫が走っていくのと同じ？

生成AIはどうしていろんなものにすぐ反応できる

21

のかなぁ。僕がちゅ～るの袋を開ける音に反応するくらい対応が速いよね！

AIも「覚えている」んだよ。AIはデータを「学習」しているんだ。たとえば、トラちゃんがちゅ～るの袋を開ける音を何度も聞いていたら、その音を聞くたびに「ちゅ～る！」ってわかるようになるでしょ？

わかる！　何度もちゅ～るの袋を開けているから、音を聞いた瞬間に「ちゅ～るだ！」ってわかるね。

AIも同じように、何度も学習しているんだ。そして、次にその情報に触れたとき、ちゃんと反応できるようになるんだよね。

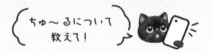

毎日、新しい生成AIが登場しているから、
いつも最新情報を追うことが大事なんだね！
ちゅ～るとAIの情報は見逃さないぞ!!

> トラちゃん、AIのこと少しはわかったかな？

生成AIを使ってみよう

☆ 自分の鳴き声でAIにお願い！ ☆

生成AIと一言で言っても、その使い方はさまざまです。正しく活用するうえで大切なのが、生成AIに打ち込む「プロンプト」。自分がほしいものを的確に手に入れるためには、どんなプロンプトを入力すればいいのでしょうか。生成AIの活用法について、トラちゃんがオチアイに根掘り葉掘り聞いてみました。

> う〜ん、ちゅ〜るについて僕よりくわしいってことはわかったよ！

> どうやって使うの？ prompt6
生成AIのトリセツは、生成AIに聞け！

生成AIってすごく便利そうだけど、僕みたいな猫に使いこなせるのか心配だなぁ……。どうしたら上手に使いこなせると思う？

それはね、すごく簡単だよ。**生成AIのことは生成AIに聞けばいいんだ。**

……？ どういうこと？

従来の家電やコンピュータには取扱説明書が付いているのが当たり前だったよね。生成AIの場合は、生成AIに質問すれば自分の使い方を教えてくれるんだ。実際、ChatGPT o1を使ってやってみようか。音声入力の場合は、4oでもいい気がする。

> このマークを見つけたら、AIとしゃべるようにプロンプトを入力しよう！ Let's try!

―【プロンプト】―――――

生成AIの使い方がわからないのですが、どうやって使ったらいいですか、私はエキゾチックショートヘアの黒猫です。

【回答】

こんにちは、黒いエキゾチックショートヘアの猫さん！　生成AI（生成的人工知能）は、多様なコンテンツを自動的に作り出す技術です。具体的には、以下のようなことができます：

① 文章の生成

物語、小説、記事、詩などのテキストを作成します。
質問に答えたり、要約を作成することも可能です。

② 画像の生成

新しい絵やデザイン、写真風の画像を生成します。たとえば、指定したスタイルやテーマに沿った絵を描くことができます。

③ 音楽・音声の生成

メロディや楽曲、さらには人間の声に近い音声を作成します。特定の感情やスタイルを持つ音楽を生成することもできます。

④ プログラムコードの生成

指定した機能を持つコードや、コードの補完、バグの修正などを行います。

⑤ 翻訳と言語理解

異なる言語間の翻訳や、文章の意味解析、感情分析などが可能です。

⑥ デザインとアート

ロゴやウェブデザイン、アート作品のアイデアを生成します。

⑦ 対話型エージェント

チャットボットとして、人間と自然な対話を行います。

もし特定の分野や興味があれば、さらに詳しくご説明できますよ。

AIが出力した回答は誤っていることもあるので気をつけよう！

※ AIが生成する情報には誤りが含まれている可能性があります。

> えー、こんなにいろいろ教えてくれるんだね！とりあえず今気になっているのは、「どうやってAIに指示を出すか」というプロンプトの入力方法かなぁ。

> じゃあ、実際に質問してみようか。

── 【プロンプト】─────────────

プロンプトの入力方法もわかりません。自動でいい感じに整えてもらえますか？

── 【回答】────────────────

プロンプトの入力方法についてですね。お手伝いいたします。プロンプトとは、私のような生成AIに対して何をしてほしいかを伝えるための文章です。明確で具体的なプロンプトを入力することで、より期待に沿った結果を得ることができます。

プロンプトの入力方法のポイント

❶目的を明確にする
何をしてほしいのかを具体的に伝えます。
例：「猫が主人公の短い物語を書いてください。」

❷詳細を加える
必要に応じて、スタイルやトーン、長さなどの詳細を追加します。
例：「黒いエキゾチックショートヘアの猫が冒険するお話を、子ども向けに書いてください。」

❸質問をする
わからないことや知りたいことを直接質問します。
例：「プロンプトの書き方を教えてください。」

もしプロンプトの作成に不安がある場合は、簡単な言葉で私に伝えていただければ大丈夫です。必要に応じて、こちらから質問して詳細を伺うこともできます。何か試してみたいことや、興味のあることはありますか？ お気軽にお知らせください。

※ AIが生成する情報には誤りが含まれている可能性があります。

なるほど、こうやって教えてくれるんだ！

そうそう。だから最初は「どうやって使ったらいいですか？」と質問してみて、回答の中から気になることを深めていくのがおすすめだよ。あと音声認識機能を使って、できるだけたくさんしゃべってみよう。

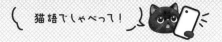

猫語でしゃべって！

エージェント機能って何？ ───── prompt7

猫がもっと幸せに生きるための方法を教えて！

ねぇ、オチアイ。さっき教えてもらった機能の中でも、「対話型エージェント」ってやつが気になるんだけど、これは何？

> 生成AIに入力した特定のタスクや目的を達成するために、AIが自分で考えて行動する機能だよ。人間の指示を達成するために最適なアクションを、AI自らが選択して実行してくれるからとても便利だね。

> たとえば「僕のような猫が幸せに生きるための方法を教えてほしい！」って聞いたら、教えてくれるのかな？

> 聞くだけならエージェントはいらないけどやってみようか。

──【プロンプト】──

エージェント機能を実行したいです。私はちゅ〜るが好きなエキゾチックショートヘアの黒猫です。私は猫として人間を自分のエージェントにして生きているわけですが、AIをエージェントとして使う場合、私のQOL（Quality of Life）はどう上がりますか？

──【回答】──

こんにちは、ちゅ〜るが大好きな黒いエキゾチックショートヘアの猫さん！ AIをエージェントとして活用することで、あなたのQOL（生活の質）を向上させる方法をいくつかご紹介します。

①おやつのリクエストを伝える

AIがあなたの声や行動を理解し、飼い主に「ちゅ〜るがほしい」と伝えてくれるので、おやつをもらえる機会が増えるかもしれません。

②遊び相手になる

AI搭載のおもちゃが、自動で動いたり反応したりして、いつでも楽しく遊べます。

③快適な環境づくり

AIが室温や湿度を最適に調整し、あなたが快適に過ごせる環境を維持します。

④健康管理

AIがあなたの行動や食事量をモニタリングし、健康状態をチェックしてくれます。異常があれば飼い主に知らせてくれるので、早めの対応が可能です。

⑤コミュニケーションの橋渡し

AIがあなたの鳴き声やしぐさを解析し、飼い主に気持ちを伝えてくれるので、意思疎通がスムーズになります。

⑥留守番のサポート

飼い主が外出中でも、AIがあなたに話しかけたり、遊び相手になったりしてくれます。

これらの機能を活用すれば、より快適で楽しい毎日を過ごせるでしょう。AIをエージェントとして使うことで、あなたのニーズがより的確に満たされるようになりますよ!

※AIが生成する情報には誤りが含まれている可能性があります。

なるほど……! 「もっと遊んでほしいな」みたいに、何かしらやりたいこととかがあるときは、AIに相談するとその道筋を教えてくれるんだね。

そういうこと。これを自在にやってくれるようなエージェントも作れるね。ちなみに、相談するときは、できるだけ明確な目的を伝えると、より精度の高い回答があるよ。たとえば、トラちゃんが世界最大の猫愛好家団体である「CFA（The Cat Fanciers' Association,Inc.）のグランドチャンピオンを目指す」という目標を持っていたとしたらそれをちゃんと伝えると、取るべき手段を教えてくれる。やってみようか？

──【プロンプト】──

私はエキゾチックショートヘアのトラ彦です。実はキャットショー大会でチャンピオンを取ったこともあります。CFAのグランドチャンピオンを目指すために必要なことを教えてください。

──【回答】──

トラ彦さん、こんにちは！　エキゾチックショートヘアのチャンピオンおめでとうございます。CFAのグランドチャンピオンを目指すためには、以下のステップが必要です。

①グランドポイントを獲得する

チャンピオンタイトルを取得した後、グランドチャンピオンになるためには、CFA公認のキャットショーで一定数のグランドポイントを集める必要があります。通常、アメリカやカナダでは200ポイントが必要とされています。

②ショーへの積極的な参加

できるだけ多くのCFA公認ショーに参加し、ほかの猫たちと競いましょう。ショーの数が多いほど、ポイントを獲得するチャンスも増えます。

③完璧なコンディションを維持する

毛並みや体格、健康状態を最適に保ち、常にベストな状態でショーに臨みます。

④品種標準の深い理解

エキゾチックショートヘアの品種標準を詳しく理解し、審査員が求める特徴を把握しましょう。

⑤プロフェッショナルなハンドリング

ステージ上での立ち振る舞いやハンドラーとの連携を磨き、魅力を最大限に引き出します。

⑥フィードバックの活用

審査員や経験豊富なブリーダーからのフィードバックを受け入れ、改善点に取り組みます。

⑦ネットワーキング

ほかの出展者やブリーダーと交流し、情報交換やアドバイスを求めることで、新たな知見を得られます。

⑧持続的な努力と情熱

タイトル獲得までの道のりは長いかもしれませんが、情熱を持って継続的に努力することが成功への鍵です。

> すごい！ この通りにしてグランドチャンピオンを目指すよ！

トラ彦さんのグランドチャンピオンへの道を心から応援しています！
何かほかにお手伝いできることがあれば、お気軽にお知らせください。

※ AI が生成する情報には誤りが含まれている可能性があります。

> どんなふうに使われているの？ — prompt8

生成AIをみんなはどれだけ使っている？

> オチアイも生成AIは使っているの？

すごく使っているね。もう生成AIなしの生活は考えられないほどに。毎日、朝起きてから夜寝るまで、何百回、何千回も使っている。朝7時から24時まで働いているから、1日のうち17時間くらいは使っているんじゃないかなぁ……。

> そんなに……、僕よりオチアイと仲良しじゃない!?
> 僕と遊ぶ時間より、生成AIを触っている時間のほうがずっと長いよね！

……。でも、その様子をずっとながめているよね？

> オチアイは何にそんなに生成AIを使っているの？

文章、映像、音楽、研究、開発……自分の仕事からアート制作まで、ほぼ全部に使っているからね。具体的に言えば、メールや申請書などのテキスト作成とか画像生成、あとは動画の編集やプログラミングまですごく多岐にわたっているかな。知ら

ないかもしれないけど、トラちゃんの画像や動画を編集するときにも使っているんだよ。

……いつのまに!? じゃあ、世の中の人は生成AIをどんなときに使っているのかな? もしかして、僕も普段目にしたりしてる?

うーん、トラちゃんは、今はまだそんなに目にすることはないかもしれないね。たとえば、私の場合、いちばん使うのはプログラムを書くときとかかな。翻訳や何か知りたいときの検索機能、論文を書くときにも頼りになるね。一般の場合だと、カスタマーセンターの応対なんかにもよく使われてきているよ。

生成AIって検索にも使えるの?

すごい! いろんなところで使われているんだ! 検索にも使うんだね。「ググる」みたいに検索エンジンでするんじゃダメなの?

生成AIで検索すると、検索エンジンみたいにわざわざ自分でページを開けて調べる必要はなくて、AIが勝手に情報を引っ張ってきてくれるんだ。

AIがネットでゴソゴソ調べてくれるってこと? それって、僕がソファの下でボールを探すのと同

じだね。

うーん、ちょっと違うかな。でも、近いような感覚かもしれないね。トラちゃんがソファの下でボールを探すとき、いろんな場所をくまなく探すでしょ？それと同じように、AIもいろんな情報の中からいちばんぴったりなものをすぐに引っ張ってくるんだよ。しかも、それが魔法みたいに速いんだ。トラちゃんがソファの下でボールを探している1秒間に、AIだと50ページもの情報量を読んじゃうからね。

……すごい！ AIってお昼寝する？

わざわざ1つ1つのページを開かなくても、パッと答えを要約して出してくれるのもいいね。

そっかー、働き者だね。AIも僕みたいにお昼寝しないの？

よくしてるかもね。サーバが落ちているけど、基本は。でも、AIにはトラちゃんみたいにリラックスする時間が必要ないから、いつでもフルスピードで情報を引っ張ってきてくれるんだよね。

> 使ったほうがいい？

prompt9

生成AIってちゅ〜るみたいに みんなにあげたほうがいいの？

生成AIがそんなに素敵なものなんだったら、猫に大好きなちゅ〜るを配るみたいにみんなに配ってあげたほうがいいね！

たしかにちゅ〜るみたいに生成AIをみんなが使えると、生活がもっと楽しく便利になると思うよ。

じゃあ、どうしてまだ全員が使ってないの？ ちゅ〜るなら、猫たち全員が「ほしい！」って殺到するのに。

それは生成AIがまだ新しい技術で、使い方がわからない人も多いからだね。でも、最近はスマホやパソコンに生成AIが自然と組み込まれるようになって、知らないうちに使っている人も増えているんだよ。

へぇ、どんなふうに？

生成AIってみんなが使ったほうがいいの？

たとえば、トラちゃんの写真をアプリに入れると、自動で可愛いフィルターをかけてくれるのも生成

AIの力だし、メッセージアプリで自動的に返事の提案もしてくれるね。

知らないうちに生成AIが助けてくれているんだね。ちなみに、たくさんの人が生成AIを使うようになると何かいいことあるの?

生成AIって誰でも使いこなせる?

いろんな場所で多くの人が生成AIを使うと、僕らにとってもいいことがあるよ。なぜなら、生成AIは多くの人に使われるほど賢くなるから。簡単に言うと、生成AIは、人々が使ったデータやフィードバックをもとに、もっといい答えを出せるようになるんだ。トラちゃんが何かを質問することで生成AIが学んで、次に誰かが同じ質問をしたときにもっといい答えを出せるようになる。だから、誰でも簡単に使える環境を作ることが大切なんじゃないかな。

使い方 ──────── prompt10

生成AIって、キャットフードの袋を
ひっかくとごちそうが出てくる感じ?

オチアイはAIの研究者だからAIを使いこなせるんだよね。僕みたいに、プログラミングとかがわ

からない猫には使いこなすのは無理かな？

対話タイプでは基本的にはプロンプトを入力するだけだから、パソコンやスマホが使えるならトラちゃんでも簡単に使いこなせると思うよ。

指示を入力する……。それ、チュールの袋をひっかくとちゅ～るが出てくる感じに近いね！

そうかもしれないね。何度もレバーを押したらおいしいちゅ～るが出てくる装置みたいなものと言えるかもしれない。

プロンプトで大事なのは？ prompt11

プロンプトって「にゃー」って鳴いたら、すぐ反応してくれる魔法の言葉？

じゃあ、AIは僕が「にゃー」って鳴いたら、すぐ反応してくれるオチアイみたいな存在なのかな。

トラちゃんはほとんど「にゃー」って鳴かないから、

もし鳴いていたら「何かあったのかな」って逆に心配になっちゃうかもね。基本的にAIは自分がやりたいことやほしいものを言葉で入力するだけで、きちんと回答を出してくれるよ。大事なのは、前提条件としてAIに十分な情報を与えること。「ほしいデータと違うな」と感じたら、少しずつプロンプトとして入力する言葉を変えて試してみるといいよ。人類みんなでAIのトレーニングをしているようなものだから、いっしょに試行錯誤する感覚でやってみるとおもしろいかもね。

身近なものをプロンプトに

prompt12

身近なものでプロンプトを作るって、あちこちに転がっているカリカリを探す感じ？

伝わるプロンプトを作るコツってあるのかな。

できるだけ具体的に説明することが大事だね。たとえば、君が「ちゅ〜るを手に入れたい」とする。そのとき、ただ「ちゅ〜る」と伝えただけではAIはどうしたらいいかわからない。「ちゅ〜るを食べたいけど、どうしたら手に入ると思う？」って入力すると、AIはちゅ〜るをもらう方法から作る方法、買える場所まで教えてくれるよ。

(伝わるプロンプトを書くコツは？)

プロンプトのコツ ── prompt 13

プロンプトのテクニックって、どんな鳴き声なら飼い主がいちばん反応するか考えること？

生成AIにもっと伝わりやすいプロンプトを書くコツってあるのかな？

プロンプトっていうのは、AIに「どういう情報を出してほしいか」を伝える言葉みたいなものだよ。もしトラちゃんがちゅ〜るをほしいとき、どんな鳴き声を出すかを考えるのがプロンプトなんだ。

それなら、「にゃー！」って叫ぶと、オチアイがちゅ〜るをくれるかもしれないって感じに近いのかな？

そうそう！ でも、ただ「にゃー！」って鳴くだけじゃなくて、どうやって鳴くかを考えるのがポイントだよ。たとえば、トラちゃんが「うるさーい！」って鳴いたら、飼い主はちょっとびっくりして、反応が遅くなるかもしれない。甘えた感じで「にゃー」って鳴けば、もっと速く反応してくれるかもしれないよね。

じゃあ、生成AIに何かを頼むときもどんなプロンプトを入力すれば理解してもらいやすいか、を考えたほうがいいんだね。

うん、生成AIにプロンプトを入力するときも「どういう情報をほしいか」を考えながら伝えるのが大事なんだ。たとえば、「アカデミックな論文を読むために知りたいことを教えて」「小学生に向けた情報をちょうだい」などと入力すると、AIはそれに合わせた言葉を使って答えてくれるんだよね。

フゴフゴ……！ 僕が「おなかがすいたからちゅ〜るを手に入れるにはどうしたらいい？」ってプロンプトを入力すると、AIはそれをちゃんと理解してちゅ〜るの話をしてくれるんだろうけど、もし「おなかすいた」と入力するだけだと、ぼんやりしすぎていて、AIはまた違う反応を示すってことだよね？

そうだね。だから、AIに正しく答えてもらうためには、なるべく詳しく伝えることが大切なんだ。

**プロンプトはなるべく「具体的に」「詳細に」
入力するのがコツなんだね！
ちゅ〜るのためにがんばるぞ〜!!**

第3章

生成AIがあれば何でもできる

🐾 猫とAIは使いよう！ 🐾

生成AIにはいろんな使い方がありますが、実際のプロンプトを見てみないとどう使えばいいのかよくわからないかもしれません。そこで、ChatGPTを中心としたさまざまな生成AIのプロンプトの入力についてトラちゃんがオチアイに質問し、シーン別に実践してもらいました！

え!? ちゅ〜るも食べ放題？

インタビュー   prompt14

生成AIで何をすればいいかわからないときはインタビューしてもらおう！

オチアイ、聞いてよ！ 最高のお昼寝の仕方やオチアイにたくさん遊んでもらえる方法まで、知りたいことはたくさんあるんだけど、何から頼んでいいのかわからないよ……。どうしたらいいのかな？

そんなときは「生成AIに自分にインタビューしてもらう」という手が効果的だよ。「こういうことがしたいけど、足りない情報があるならば私にインタビューして情報を引き出してください」って。

自分にインタビューしてもらう……？ ちょっとオチアイやってみてよ！

―【プロンプト】―

生成AIを使って何をしていいかわからないので、私がしたいことを私から聞き出すため、私にインタビューしてください。

―【回答】―

こんにちは。まず、あなたのことをもう少し知るためにいくつか質問させてください。

- 普段はどのようなお仕事や活動をされていますか？
- ご趣味や興味のある分野は何ですか？
- 最近、特に関心を持っている話題やトピックはありますか？
- お答えいただける範囲で大丈夫ですので、よろしくお願いします。

※ AIが生成する情報には誤りが含まれている可能性があります。

【プロンプト】

私はメディアアーティスト、筑波大学准教授の落合陽一です。デジタルネイチャー開発研究センターを運営しています。普段はメディアアートを作っているか、大学でコンピュータサイエンスの研究をしているか、自分の会社を経営しているか、もしくは国の政策にかかわっています。あと、万博など国のプロジェクトや文化交流などにもかかわっています。作品を作ったり、本を書いたり、仕事をしたり、プロジェクトを始めたりすることがほとんどです。あと、自分と関係性がありそうな歴史や研究を調べながら、いまの時代との関係を調べるなどしています。

2番目の回答として興味や関心として、私はデジタルネイチャーを調べています。デジタルネイチャーっていうのは、あらゆるものを計算過程として捉える世界や研究領域のことです。デジタルネイチャーの時代が来たら、文化、芸術、科学、技術はどうやって変わっていくのか。そして、それによってビジネスや社会制度はどうやって変化するかということを、研究開発もしくは調査研究、事例調査をしています。

3番目は、特に最近関心があるのは猫、特にエキゾチックショートヘアの育て方と、神道や仏教、神仏習合のカルチャーに興味があって、調べています。ほかに何か質問があればもっと答えるので教えてください。

——— (この後、2回ほど「追加情報がほしい」というやりとりが続く ※中略) ———

【回答】

ご回答ありがとうございます。非常に多岐にわたるプロジェクトと深いご興味に感銘を受けました。

お話を伺ったところ、以下のようなテーマに取り組まれていることがわかりました。

・展覧会やパビリオンのモチーフ探し

日下部民芸館や大阪万博での鏡のパビリオン内の茶室など、日本語のモチーフを探されている。

・文化財の復元と調査

「〇〇神社」の歴史を調べたいが、資料が少ないため、情報収集に課題がある。

・自動コード生成システムの開発

抽象的な音声指示から具体的なコード（Pythonなど）を自動生成し、一貫したアウトプットを得るフレームワークに興味がある。

・高速な実験系の構築

高速なプリンティングやホログラムの計算と出力、物理的な表現とデジタルデータの橋渡しに取り組まれている。

・数学と生成AIによるデジタルネイチャーの再帰的記述

自然が「元に戻るもの」として、デジタルネイチャーをどのように構築するかに興味がある。

・技術的負債の解消

短時間で問題解決やアプリケーション開発が可能な状態を目指し、その理解を深めたい。

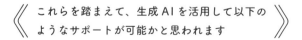

これらを踏まえて、生成AIを活用して以下のようなサポートが可能かと思われます

- **モチーフの発見と提案**

  生成 AI を用いて、日本の伝統的なモチーフや神話、歴史的な要素をリサーチし、展覧会やパビリオンで使用できるアイデアを提供する。

- **文化財の情報収集と復元**

  言語モデルを活用して「〇〇神社」に関する既存の文献や資料を検索し、情報を整理・要約する。

- **自動コード生成のフレームワーク構築**

  音声指示からコードを生成するシステムのプロトタイプを開発する際に、生成 AI を組み込んで効率化を図る。

- **数理モデルの構築**

  デジタルネイチャーの概念を数理的に記述するためのアイデア出しや、既存の数学的手法のリサーチに生成 AI を活用する。

- **技術的負債の棚卸し**(※第 4 章参照)**と解決策の提案**

  プロジェクト全体の技術的課題を整理し、効率的な解決策や最新の技術トレンドを提示する。

もし具体的に取り組みたいプロジェクトや、生成 AI を活用してサポートが必要な領域がありましたら、詳しくお聞かせいただけますか? また、これまでに生成 AI をどの程度活用されてきたかも教えていただけると、より的確なご提案ができるかと思います。

※ AI が生成する情報には誤りが含まれている可能性があります。

フゴフゴ……! 追加のインタビューから、プロンプトで足りない情報を埋めてくれるんだね。これなら、猫でも完璧なプロンプトを作れそう!

45

そうだね。ポイントは、AIのインタビューに対してきちんと情報を与えること。答える前には、ちゃんと具体的な情報を整理したほうがいいね。もし、インタビューを重ねても自分がほしい回答とはズレが生まれている場合は、「こういう方向性で回答がほしいです。もう一度インタビューしなおしてください」と伝えてみてほしいな。

悩み相談 ──────────────── prompt15

トラちゃんのパートナーにおすすめの猫は？

最近新しい友達がほしいなぁと思うんだよね。僕にぴったりのパートナーを探したいんだけど、生成AIは見つけてくれるかな？

まずは、やってみるのがいちばんだから。それじゃあ、ChatGPTに聞いてみよう！

──【プロンプト】──

4歳のエキゾチックショートヘアの雄猫に、ぴったりのパートナーを教えてください。同じ猫種がいいです。違う猫種はあまり興味がありません。

【回答】

トラちゃんに合いそうなエキゾチックショートヘアの性格や特徴を持ったパートナーを考えると、以下の点に注目すると良さそうです。

・控えめで穏やかなエキゾチックショートヘア

エキゾチックショートヘアの中でも、おっとりとした性格の子を選ぶとトラちゃんとの相性がいいかもしれません。比較的物静かでゆっくりしたペースで関係を築けるタイプの子が望ましいです

・同性よりも異性

一般的に異性同士のほうが相性がいいことが多いです。トラちゃんがオスなので、穏やかなメスのエキゾチックショートヘアがいいでしょう。

・年齢の近いエキゾチックショートヘア

年齢が近いと遊びのペースや生活のリズムが合いやすく、関係もスムーズに進みます。成猫同士であればお互いに尊重し合いながら過ごせることが多いです。

エキゾチックショートヘア同士であれば、見た目も似ているためトラちゃんも親近感を持ちやすいかもしれません。

※AIが生成する情報には誤りが含まれている可能性があります。

どうかな? もし出会える場所や仲良くなるためにはどのような遊びをするといいか、どんな会話をしたらいいかとかも、聞いてみると教えてくれるよ。

……いいね! やってみる!

> レシピ

prompt16

家で作れるおやつってどんなの？
お魚とかカリカリを使ったのが知りたい！

次は家で作れるおやつについて知りたいなぁ。「家で作れる猫用のおやつのレシピを教えてください」って、聞いてみるのはどう？

それだったら、原材料にはどんなものを使うのかも指示するといいね。あと「ちゅ〜るや既製品をうまく使った猫のおやつを考えてください。入手可能性や加工可能性が高いとよりいいです」って書いておくと、さらにわかりやすい回答をもらえると思うよ。

いいね、やってみる！

――【プロンプト】――　 AIに話してみよう！

トラちゃんは黒猫です。家で作れる猫用のおやつのレシピを教えてください。缶詰やカリカリ、ちゅ〜るなどの既製品を使ったレシピが知りたいです。ペット用のレシピサイトを参考にしてください。猫の安全にも配慮し、使ってはいけない食材はすべて排除してください。

――【回答】――

トラちゃんのために、安全でおいしいお魚を使った手作りお

やつのレシピをご紹介します。猫は特定の食材に敏感で、中には有害なものもありますので、以下のレシピでは猫に安全な材料のみを使用しています。

ツナとカリカリのクランチボール

《材料》

ツナ(水煮、塩分無添加) —— 50g	市販の猫用カリカリ —— 20g
オートミール —— 10g	卵 —— 1個

《作り方》

オーブンを180℃に予熱します。

ボウルにツナを入れ、フォークで細かくほぐします。カリカリをジップロック袋に入れ、麺棒などで軽く砕きます。ツナ、砕いたカリカリ、オートミール、卵をボウルに入れ、よく混ぜ合わせます。

生地を小さな一口サイズのボール状に丸め、クッキングシートを敷いた天板に並べます。予熱したオーブンで15分ほど焼き、表面が軽くきつね色になったら取り出します。冷ましてから、トラちゃんに与えてください。

《注意点》

ツナは必ず塩分無添加のものを使用してください。

オートミールは少量であれば猫に安全ですが、与えすぎに注意しましょう。

卵は完全に火を通してください。

※AIが生成する情報には誤りが含まれている可能性があります。

どうかな? あと、プロンプトに「ペット用のレシピサイトを参考にしてください」「猫の健康に気をつけてください」などと一言加えておくと、安全性も高まると思うよ。

カリカリって何?

おいしそう! 今度作ってみたい!

49

謎解き prompt17

イタズラ好きな猫が犯人の謎解きを作って！

今度、猫集会で謎解きゲームをやることになって、そのゲームを作ることになったんだけど、生成AIに作ってもらえたりするかな？

どんな謎解きにしたいか、テーマやトーンをちゃんと伝えようね。あと、あまり簡単なものにしたくない場合は「IQ120以上の人でないと解けないものにしてください」とか一言入れるのがいいかもしれないね。実際に作ってみよう。

――【プロンプト】――

イタズラ好きな猫が犯人の謎解きクイズを作って。テーマは、生成AIと爪痕を追って真犯猫を探すというものにしてください。トーンは、本格派ミステリーのテイストもありつつ、ユーモアがあるものをお願いします。ギミックとしては、IQ120ないと解けないものにしてください。

――【回答】――

猫探偵ミステリー「生成AIと爪痕の秘密」

《事件の概要》

猫カフェ「ミステリー・ポー」で発生した奇妙な事件。最新型の生成AI「ニャージェン・オメガ」が突如故障し、壁には鋭い爪痕と謎の数字

列「6-1-9-13-5-14」が刻まれていました。しかも、店内のキャットフードがすべて消えています。はたしてこれは偶然の事故か？　それとも計画された猫犯罪か？

《 容疑猫たち 》

・トム（ 灰色の長毛種・機械オタク ）
　元天才ハッカー猫。AIや電子機器の扱いに慣れている。

・ルナ（ 黒猫・エキゾチックショートヘア・策略家 ）
　知的で計画的な性格。何事もコントロールしたがる。

・ジンジャー（ 茶トラ猫・爪痕アーティスト ）
　爪痕アートを描くのが大好きなアート狂の猫。

《 手がかりの暗号 》

壁に刻まれた数字「6-1-9-13-5-14」

《 暗号の解読 》

最初のアプローチは、アルファベット変換です。
A＝1, B＝2... Z＝26 として文字を変換すると、次の文字が得られます。
6 = F, 1 = A, 9 = I, 13 = M, 5 = E, 14 = N →「F-A-I-M-E-N」

《 推理の展開 》

この文字列は意味をなさないように見えますが、生成 AI が残した「メッセージ」と考えると、新たな仮説が浮かびます。
生成 AI は、数字列を単なる暗号ではなく「行動の記録」として記録している可能性がありました。

《 真の意味 》

「F-A-I-M-E-N」を並べ替えると……
「F-A-M-I-N-E」→「F-A-M-I-N-E（飢え）」

《 動機の解明 》

これで暗号の意味は「FAMINE（飢え）」と解読できました。しかし、猫たちに「飢え」がどう関係するのか？

《 真犯猫の計画 》

犯猫：ルナ（黒猫・エキゾチックショートヘア）

《動機》

ルナは、自分だけの高級キャットフードを手に入れようと「AIの自動配給システム」をハッキングしようとしました。しかし、計画が失敗し、生成AIがエラーコード「FAMINE（飢え）」を最終メッセージとして残したのです。

《エピローグ》

事件は解決し、AIは復旧され、すべての猫に平等な配給が戻りました。しかし、ルナの瞳には次の計画を思いついたような怪しい光が……。

※ AIが生成する情報には誤りが含まれている可能性があります。

どうかな、けっこう難しいんじゃない？ もしディテールや結末などに調整をつけたい場合は、プロンプトに「もうちょっと猫の活躍場面を増やしてほしい」「登場人物を増やしてほしい」とか書き込むといいね。

たった数秒でこんなのができちゃうなんて、すごいね……！

旅行の計画 ——————————————— prompt18

今度の冒険、屋根の上とかどう？

今週末はオチアイも遊んでくれなさそうで暇だから、家の中を散策しようかなぁ。旅先とかも生成AIに聞いたら教えてくれるんだよね？

> 教えてくれると思うよ。次みたいなプロンプトでどうかな？

──【プロンプト】──

家猫のトラちゃんが、日本のちょっとモダンな家屋の中で新たに探訪するべき場所を教えて！　トラちゃんのサイズは7kgくらいです。

──【回答】──

モダンな日本の家ならではのスタイリッシュで広々とした空間を活かした、トラちゃんの探訪スポットを考えてみました。従来の日本家屋の特徴を残しつつ、現代的でシンプルなデザインが施された家ならではの魅力的な場所を選んでいます。

①オープンキッチンのカウンター

モダンな家では、オープンキッチンが多いですが、そのカウンター部分もトラちゃんにとって興味深い場所かもしれません。トラちゃんがカウンターに登り、外を眺めることができたり、シンクの周りで水音に興味を持って近寄ったりすることも。特にキッチンのアイランドカウンターはトラちゃんが登るのにちょうどいい高さです。

《注意》
料理中の物に触れないように配慮が必要です。

②リビングのモダンな棚や本棚

モダンな家にはデザイン性の高い棚や本棚があることが多いです。これらの棚はトラちゃんにとっては魅力的な冒険地です。特に高い場所にあるオープンシェルフや本棚は、猫にとっては隠れ場所や休憩スペースとして完璧な場所です。高さがあれば、窓の外を眺めることもできるので、トラちゃんが気に入るでしょう。

《ヒント》
落ちても大丈夫なように、棚や本棚にはガラスや小物を置かず、トラちゃんが安全に遊べる空間を作ってあげるといいですね。

③広めの階段（中2階やロフトへのアクセス）

現代の家では、階段やロフトが家の中で遊び場として使われることが多いです。モダンなデザインの階段や、中2階やロフトにアクセスできる階段は、トラちゃんの探訪にぴったりです。トラちゃんは普段高い場所に登ることが好きなので、階段を上ってロフトの隅や中2階の窓辺を探索するのも楽しいでしょう。

《注意》
階段が急勾配の場合、猫が滑らないような対策（滑り止めなど）をしてあげるとより安全です。

④窓辺のシンプルなラウンジチェア

モダンな家では、窓辺にラウンジチェアやカウチを置くことが多いですが、トラちゃんにとっては、窓の外を眺めるためのベストスポットになります。日当たりのいい場所に置かれた椅子やソファの上に座って、外の景色を見たり、昼寝したりするのが猫にとっては贅沢な時間です。

《おすすめ》
窓辺に猫用のベッドやクッションを設置して、トラちゃん専用のくつろぎスペースを作ってあげると、より快適に過ごせます。

⑤デザイン性の高いパーテーションや仕切り

モダンな家では、空間を区切るためにパーテーションや仕切りが使われることがあります。これらのパーテーションは、トラちゃんにとって迷路のような探検場所になり得ます。透明なガラス製の仕切りや、移動式のパーテーションなどを使えば、トラちゃんはその隙間や裏側に興味津々で探し始めるかもしれません。

《ヒント》
パーテーションの隙間や下を利用して、トラちゃんがくぐったり探索したりできるようにしてあげましょう。

⑥ フロアレベルの収納スペース

モダンな日本の家では、床下やフロアレベルの収納が目立つことがあります。これらのスペースは猫にとって隠れ家のようなものです。トラちゃんは暗い場所や狭い場所が好きなので、フロアボックスや低い収納庫を開けてあげると、トラちゃんの秘密基地として使えるかもしれません。

《おすすめ》
収納スペースを開けたとき、トラちゃんが安心して探索できるように、邪魔にならないおもちゃやクッションを置いてあげるといいでしょう。

⑦ 和モダンな畳スペース

モダンな家でも、リビングや一角に和の要素を取り入れた「和モダン」の空間があることがあります。低めのテーブルと畳のマットがある空間は、トラちゃんにとってちょうどいい隠れ場所です。猫は畳の匂いや感触を好むことが多いので、そこでリラックスしたり遊んだりできるでしょう。

《ヒント》
畳の上にキャットタワーやクッションを置くと、トラちゃんがくつろげる空間が広がります。

⑧ テラスやバルコニー

モダンな家にはテラスやバルコニーがあることがよくあります。トラちゃんが外を眺めたり、日光浴をしたりするのに最適な場所です。特にバルコニーにはガーデニングスペースがあったり、室外機や屋外の猫用のハンモックを取り付けたりできるので、トラちゃんの探検心を満たすことができます。

《注意》
バルコニーはフェンスや手すりで囲って安全を確保することをお忘れなく。

※ AI が生成する情報には誤りが含まれている可能性があります。

> **プレゼント** — prompt19
>
> # 飼い主へのサプライズ、何が喜ばれるかな？

> ねぇねぇ。いつも優しくしてくれているお礼に、オチアイに何かサプライズしたいと思うんだけど、それも生成AIに聞いたら教えてくれるのかな？

私に何がいいかを聞いている時点でサプライズじゃないけどね（笑）。でも、聞いてみようか。

【プロンプト】

猫のトラちゃんが飼い主へのサプライズを考えています。何が喜ばれると思いますか？ 飼い主の落合陽一さんは、研究者でメディアアーティストです。

【回答】

トラちゃんが落合陽一さんにサプライズを考えるなら、彼の興味に合わせて、テクノロジーとアートを融合させたものが喜ばれるかもしれません。たとえば、トラちゃんが自分で操作できるような「猫専用インタラクティブアート」や、トラちゃんの動きをAIでキャプチャし、デジタルアートとして再現するプロジェクトがおもしろいでしょう。あるいは、トラちゃんの動きが反応する「インタラクティブキャットボール」や、トラちゃんと一緒に遊べるIoTデバイスを作ってみるのも、陽一さんの好奇心を引きつけそうです。

※ AIが生成する情報には誤りが含まれている可能性があります。

どうかな？ オチアイ、気になるものはあったかな？

インタラクティブアートって何？

うーん、あんまりハマらないかな。「もっと日本の伝統やイノベーティブで普遍的な価値があるかどうかを、落合陽一さんは気にしそうです」という一文を加えてみようか。

―【回答】―

落合陽一さんが重視する「日本の伝統」や「普遍的な価値」に合わせて、トラちゃんが考えるサプライズをもっと深掘りしてみましょう。彼の価値観に響くものとして、伝統とテクノロジーが融合した斬新なアイデアが理想的です。

①トラちゃんの動きで表現する「生け花」(いけばな)

日本の伝統芸術である生け花をテクノロジーでアレンジ。トラちゃんが部屋を歩くたびに、センサーが反応し、即座にデジタルアートとして生け花が画面に現れるシステムを作成してみては？ 生け花の「動き」や「時間の流れ」をテーマに、トラちゃんの活動が自然とアートとして完成するような、インタラクティブなアプローチです。伝統的な美学と現代技術の融合が、落合陽一さんにとっても魅力的に映るでしょう。

②伝統的な和風の「猫の書」

落合陽一さんが関心を持ちそうな、日本の伝統的な「書道」を応用して、トラちゃんが書道の動きに参加できるインタラクティブな体験を作るのもおもしろいです。たとえば、トラちゃんが足で絵筆を持ち、動くことで、デジタル画面上に書が現れるシステムを開発。これにより、トラちゃんが自然に「書」を創り出すプロセスがアートと

して表現され、物理的な伝統とデジタルアートが見事に融合します。

③ トラちゃんの足跡で「日本庭園」の風景を創造

トラちゃんが歩いた場所をセンサーでキャッチし、その足跡に応じた日本庭園の景色（たとえば、池に石を投げた波紋が広がる様子）をリアルタイムでデジタルで描く仕掛け。こうしたインタラクションを通じて、庭園の美を再現し、またその結果をもとに毎回違った庭園が生成されるという体験です。普遍的な日本庭園の美しさと、トラちゃんの「存在」を掛け合わせ、テクノロジーでその魅力を伝える新しいかたちの「庭」を作り上げることができます。

④ トラちゃんの「瞑想の時間」をテーマにしたデジタルアート

落合陽一さんが追求する「普遍的価値」を意識し、トラちゃんの「瞑想」や「静寂」の時間をテーマにしたデジタルインスタレーションを作ることもアイデアとして有望です。トラちゃんが寝ている間や静かに座っている時間をセンサーで捉え、その状態に合わせてゆったりとした日本の自然風景（竹林や山水画など）が静かに変化するシステムを作成。日本の伝統的な「静けさ」や「静寂」にテクノロジーを融合させた、深い意味のある体験になります。

⑤ 竹を使った「トラちゃんの音響アート」

竹は日本の伝統的な素材でありながら、現代でも高い価値を持つ素材です。トラちゃんの動きによって竹の音が変化する音響アートを作り出すことができます。たとえば、トラちゃんが歩くことによって竹の音（竹筒の振動や風の音）が変わり、その音がリアルタイムでデジタルアートとして表現されるしくみです。竹という素材にこだわりつつも、その音をインタラクティブに変化させることで、伝統とイノベーションを見事に組み合わせられるでしょう。

> さっきより、いいんじゃないかな！

※ AIが生成する情報には誤りが含まれている可能性があります。

答えが出ても、納得いくものができるまで何度かプロンプトの入力を繰り返していくのが大事なんだね。

作曲 — prompt20

猫がリラックスできる曲は作れる？

僕も曲を作ってみたいなぁ。オチアイはよく音楽を作っているけど、どうやって作っているの？

私の場合は、「Suno AI」っていう作曲アプリを使っているよ。これでイメージした音楽を簡単に作れるんだ。

どんなふうに作るの？

音楽のジャンルを組み合わせて、プロンプトを作る感じだね。たとえば、「アンビエントエレクトロ」「ノービート」「ミニマル」というジャンルをプロンプトに入れてみたとする。すると、Suno AIがそのテイストに合わせた音楽を作ってくれるんだよ。

{ アンビエントエレクトロ、ノービート、ミニマルって何？ }

59

僕、音楽のジャンルにはあんまり詳しくないんだけど、どうしたらいいの？

それなら、まずは簡単なジャンルから始めるといいよ。たとえば、クラシック、ジャズ、テクノみたいに大まかなジャンルを入れて、Suno AIにどんな音が出てくるか試してみるんだ。

じゃあ、「リラックスできる猫用ミュージック」ってプロンプトを入れてみたらどう？

それもいいね。ただ、もっと具体的に「リラックスできる」「アンビエントサウンド」「低いビート」みたいに細かく指示すると、Suno AIがよりイメージに近い音楽を作ってくれるよ。

もし、Suno AIが作ってくれた音楽が、自分のイメージするものとはちょっと違うなって思ったら、どうするの？

そのときは、「やってほしくない指示」を入れるネガティブプロンプトの枠のところに、その旨を記載するといいよ。「ビートが強すぎる」と感じたら、「ノービート」とか「静かで落ち着いた感じにして」って指示するんだよ。

なるほど、ポジティブな指示とネガティブな指示を組み合わせるんだね。ちょっと難しそうだなぁ。

大丈夫だよ、トラちゃん。最初は簡単なプロンプトから始めて出てきた音を少しずつ修正していけば、だんだんコツがつかめる。たとえば、「もう少しテンポを落として」とか「音を軽くして」みたいに追加で指示を出せばいいんだ。

そっか、Suno AIと対話する感じなんだね。ちなみに、Suno AIで作った音楽、猫も楽しめると思う？

うーん、場合によっては猫がリラックスできる音楽や元気になる音楽を作ることもできるよ。プロンプト次第で、トラちゃん専用のBGMを作れる時代だね。

（ネガティブプロンプトって何？）

未来予想 ──────────── prompt21

来年のトラちゃんの毛はふさふさ？

最近、未来のことに興味があるんだよねー。生成

> AIは僕の未来予想とかもできるのかな？

できるよ！　たとえば、次のようにプロンプトを入力してみようか。どんな結果になるかな？

【プロンプト】　

私はエキゾチックショートヘアの雄猫のトラちゃんです。4歳です。来年の私を予想してください。

【回答】

こんにちは、トラちゃん！　来年のトラちゃんについて予想すると、いくつかの楽しみなことがありそうですね。

① 毛がさらにふさふさに！

エキゾチックショートヘアのトラちゃんは、毛が比較的短めでもふさふさした印象が魅力です。年齢とともに毛質がさらに豊かになり、毛並みがもっと滑らかで艶やかになるかもしれません。毛が少し伸びることで、ボリューム感が増す可能性もあります。もし毛がふさふさになったら、飼い主さんにブラッシングしてもらうのが楽しみになりそうですね。

② 新しい爪とぎの発見！

トラちゃん、もしかしたら来年は新しい爪とぎスポットを発見するかもしれません。家の中の新しい家具や、飼い主さんが引っ越しや模様替えをした場合、新しい爪とぎ場所が登場することも考えられます。また、キャットタワーや新しい爪とぎアイテムがトラちゃんの興味を引くかもしれません。自分好みの場所を見つけて、爪をしっかりととぐ姿が想像できます。

③ さらに冒険好きになるかも！

トラちゃんの好奇心がますます膨らんで、家の中で新しい場所を探検するようになるかもしれません。たとえば、窓辺で日向ぼっこをするのがさらに楽しくなったり、物の配置が変わることで新しい隠れ場所を発見したり。これからも探検心旺盛なトラちゃんが、いろいろな場所で楽しみながら過ごす姿が見られることでしょう。来年もトラちゃんの元気で冒険心満載な毎日が待っていそうですね！

※ AIが生成する情報には誤りが含まれている可能性があります。

……当たってそうと言えば、当たってそうだね。

もっと精度を高めたい場合は、より詳細なデータを入れるといいね。たとえば、「トラちゃんは来年ジャンプ力を鍛える予定です」「目標は自家製ちゅ〜るを作ることを考えています」「小魚も食べられるようにしたいです」とか、具体的な事柄を入れていくと、データをもとに推論してくれると思うよ。

すごいねぇ。じゃあ、次に僕が寝る場所を予測できるのかなぁ。

それはAIでなくてもわかるよ……。ベッドの下で丸くなっているんじゃない？

何でわかるの？

猫が好きな寝る場所は？

63

お絵描き ─────────────── prompt22

トラちゃんをかっこよく描いてほしい！

生成AIは絵を描くこともできるんだよね？ たとえば、僕の似顔絵をかっこよく描いてもらうこともできる？

もちろん！ たとえば、「ChatGPT 4o」で「黒猫のトラちゃんはエキゾチックショートヘアで目が黄色で太い」とか外見的な特徴を入れたあとに、「リアリスティックなタッチ」「鉛筆画で」とかいろいろ指定を入れると、そのテイストで描いてくれるよ。その絵が気に入らなかった場合は、「ここが気に入らなかった」「こういうテイストにして」などと指定すると、また描き直してくれるんだ。

リアリスティックなタッチ

鉛筆画で

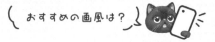
おすすめの画風は？

64

> 贈り物を考えよう

prompt23

猫トレンド、今どんなおもちゃや クッションが流行っている？

ねぇ、猫友だちにプレゼントを贈りたいんだけど、猫のトレンドグッズを調べることもできるのかな？

これは、「Perplexity」のような生成AIを使うのがいいかもしれないね。検索に紐づいた答えをくれるし、なんなら「友だちの猫にプレゼントを贈るため、ギフトをリストアップしてください。予算は300円くらいです」と、詳細に伝えたほうがいいんじゃないかな。あと、安全性や実用性があるプレゼントにしたいことも、きちんと伝えたほうがいいね。

――【プロンプト】――　

友だちの猫にプレゼントを贈るため、ギフトをリストアップしてください。予算は300円くらいです。猫に贈るものなので、猫にとっての安全性や実用性を考え、トレンドを反映させてください。

――【回答】――

友だちの猫に贈るための、安全性や実用性を考慮しつつ、トレンドを反映させた300円程度のギフトアイデアを以下にリストアップしました。

《おもちゃ系》

・またたび入りおもちゃ

またたびが入ったぬいぐるみやボールは、猫が喜ぶアイテムです。安全な素材で作られているものを選ぶといいでしょう。

・羽根付きおもちゃ

鳥の羽根が付いたおもちゃは、猫の狩猟本能を刺激します。動きが楽しいので、運動不足解消にも役立ちます。

《食事系》

・CIAO ちゅ〜る

人気のペースト状キャットフードで、食欲がない猫にもぴったりです。多様なフレーバーがあるため、猫の好みに合わせて選べます。

・無添加おやつ

安全性を重視した無添加のおやつは、健康に配慮したギフトとして喜ばれます。小分けパックで与えやすいものがおすすめです。

《ケア用品》

・爪とぎ用ダンボール

環境に優しいダンボール製の爪とぎは、猫の爪を健康に保ちつつ、家具を守るためにも役立ちます。

・キャットブラシ

毛が絡まるのを防ぎ、健康的な被毛を保つために必要なアイテムです。

《その他》

・猫形の迷子札

名前や連絡先を書ける迷子札は、安全対策として非常に重要です。可愛いデザインのものを選ぶといいでしょう。

・猫用トンネル

遊び好きな猫には、隠れたり追いかけっこしたりできるトンネルが人気です。遊びながら運動不足解消にも役立ちます。

これらのアイテムは、安全性と実用性を兼ね備え、さらにトレンドを反映したものとして友だちの猫にも喜ばれることでしょう。

※ AI が生成する情報には誤りが含まれている可能性があります。

日常生活のルーチン　　　　　　　　　prompt24

毎日のお昼寝とお散歩のスケジュール、もっといい感じにしたい！

> オチアイは毎日忙しく働いているよねぇ。僕もスケジュールとか見直したほうがいいのかなぁ。

トラちゃんは毎日家の中を10分くらい散歩して、17時間くらい寝て、1時間くらいご飯を食べて、それ以外はフゴフゴ言っているもんね（笑）。スケジュールを効率的にしたいなんて思ってなさそうだけど、AIに聞いてみようか。

──【プロンプト】──

黒猫のトラちゃんですが、毎日17時間寝ているお昼寝と10分間のお散歩、それ以外はフゴフゴして過ごしています。日々のスケジュールをもっと効率的にしたいです！　提案してください。

──【回答】──

トラちゃんのスケジュールをより効率的にするために、少し活動的な時間を取り入れてみるのもおもしろいかもしれません！　ここにいくつかの提案をします。

①お昼寝をうまく活用

　17時間のお昼寝はかなり贅沢ですね！　ですが、その間にちょっと

した「心地よい休憩タイム」を取り入れると、トラちゃんのリズム
が整うかもしれません。

・トラちゃん専用のリラックススペースを設置
お昼寝する場所をもう少し変化をつけて、たとえば少し高い場所
（キャットタワーや棚）や、暖かい場所（日なたなど）を意識的に選
ぶと、トラちゃんのリラックス度が増して、より深い眠りを得られ
るかもしれません。

②お散歩を10分以上に延ばす

毎日の10分間の散歩を少しだけ延ばして、たとえば15分にしてみる
のはいかがでしょうか？　これにより、外の空気をもっと楽しんだり、
体をもっと動かすことができます。もし周囲が安全なら、少しの間ノ
リノリで歩かせて、刺激を与えてあげるのもいいかもしれません。

③フゴフゴタイムの活用

「フゴフゴして過ごしている」時間が長いとのことですが、この時間
をもう少し「積極的に遊ぶ時間」にすることができます。

・おもちゃでのインタラクティブな遊び
トラちゃんがフゴフゴしているときに、ちょっとしたおもちゃ（フェ
ザー付きの棒やボールなど）を使って誘ってみましょう。お昼寝前
に少し運動を取り入れることで、午後の眠気にとってもいい効果が
出るかもしれません。

・インタラクティブなキャットタワー
新しいキャットタワーやキャットツリーを設置して、トラちゃんが
遊ぶ場所を増やすといいかもしれません。登ったり、かじったり、爪
をとぐために多くの時間を使うことができます。

④フードタイムの変化

食事タイムを「活動時間」に結びつけることができます。たとえば、
食事をお昼寝のあとに設定し、食べたあとに少しだけ遊ぶことで、
体を少し動かす時間を確保します。さらに、「フードパズル」など
を使って、食事を探しながら楽しむ時間を増やしてみましょう。

⑤夜のリラックス時間を設ける

夜はトラちゃんのリラックスタイムとして、静かな音楽をかけたり、

ストレッチやマッサージの時間を設けて、寝る前に体をほぐしてあげるのもいいかもしれません。これでトラちゃんがよりぐっすり眠れる環境が整います。

※ AIが生成する情報には誤りが含まれている可能性があります。

なんか健康的な生活が過ごせそうだね……！

気になる部分があったら、「この部分をもっと細かく記載して」「このスケジュールを実現するためにはどうしたらいいか具体的な方法を教えて」とか聞いてみると、いいかもしれないね。

小説

prompt25

ある日、勇敢な猫が世界を救う……そんな冒険小説を作りたい！

僕、小説家になりたいなぁ。生成AIで小説って書けると思う？

もちろん書けるよ。設定や読者対象、あとはカテゴリー、文字数なども可能だったら記載したほうがいいね。できるだけ、細かくプロンプトを入力したほうが、アウトプットも思い通りに近いものができるようになるよ。

じゃあ、次みたいなプロンプトを入力してみようかな。

---【プロンプト】---

猫の冒険小説が書きたいんですけども黒猫のエキゾチックショートヘアが主人公で。冒険のテイストとしてはなろう系よりはもうちょっと冒険系のほうがいいね。古典文学を参考に。

---【回答】---

以下は黒猫のエキゾチックショートヘアを主人公とした冒険小説の基本プロット案。

物語は西洋中世風の世界観を設定する。魔術師や吟遊詩人、廃墟となった城砦、草深い田園、古木の並ぶ街道などが登場するが、ファンタジー色は控えめにして、むしろ古代や中世の文献にある小規模な魔術や伝承程度の雰囲気を用いる。

文体・展開はトルストイやディケンズなどとまでいかなくとも、トールキン以前の伝承集や古典的な冒険譚の基本構成を参照する。語り口は静謐(せい ひつ)で、詩的表現よりも、風景・行為・対話中心で、少し古風な文体。

《主人公》

黒猫のエキゾチックショートヘア。名前は「ムーア」。
毛は深く光を吸い込むような黒、目は琥珀色だが少し曇った印象。耳は短く丸みを帯び、鼻も低く、表情はしばしば無表情に見える。人間やほかの生物の言葉を部分的に解するが、発声は通常の猫と変わらない。特定の魔術的能力はないが、猫特有の敏捷性と夜目の利きやすさ、加えて人間並みの知覚的判断力と記憶力を持つ。

《世界設定》

人間が農耕と交易を営む農村地域が中心。村には簡素な教会、鍛冶屋、

穀物倉庫があり、街道沿いには旅籠がある。町外れには廃墟となった古塔が点在し、そこにカラスや小動物が巣くう。大都市は遠方にあるが直接描写は少なめにして、物語の多くは郊外、森、丘陵地、荒れ地などで展開する。

王国は存在するが、物語開始時点では国境は定まっており、戦乱はない。代わりに風聞が地を流れる。噂話には竜退治を成し遂げた騎士の伝説や、森に消えた巡礼者たちの記録などが語り伝えられている。

《導入部》

村外れの小屋で老いた書記官が書棚を整理しているシーンから開始する。老書記官は昔、この地に伝わる伝承を記録してきたが、近年は忘れ去られつつあり、加えて村では鼠害が深刻化している。ムーアはその小屋をねぐらとしていたが、書記官が旅立つ噂を耳にして状況を不安に思う。村人たちは最近増えた鼠の原因を「古塔に住み着く謎の存在」のせいだと囁き合うが、確証はない。

ある夜、ムーアは古い書物の角から漏れ出したようなかすかな光を目にし、それに誘われるように小屋を出る。その光は廃墟の古塔方向に向かい、一度森を抜けたあたりで消える。ムーアは書記官を失う前に、そして村の平穏を守るために、独りで古塔へ赴き、その原因を突き止めようと静かに決意する。

《冒険の展開》

・森を抜ける途中でほかの動物（いたち、ふくろうなど）と出合う。彼らは人語を解せずとも、それぞれ土地にまつわる断片的な知識を暗喩的行動で示す。ムーアは察しの良さで少しずつ情報を組み上げる。

・草原に点在する石碑や小さな祠を巡る。そこには古い文字が刻まれ、人や動物がかつて行き交った痕跡がある。ムーアは足跡や臭い、風の向きから、最近何者かがここを経由したことを感知する。

・小さな集落の近くで行き倒れた旅人（吟遊詩人）に遭遇する。旅人は衰弱し言葉少なだが、断片的に「闇の中に息づく声が耳元を掻き乱した」と呟く。ムーアは夜の闇に紛れ、その旅人が残したリュートから

糸や音色の痕跡を感じ取る。

《古塔への到達と内部》

・古塔は石造りの塔で、半ば崩壊した上階から蔦が垂れ、下層は湿気た
空気が淀んでいる。内部には鼠が多く、彼らは不自然に群れを成し、
奥の暗がりへと逃げ込む。

・暗がりの深部にはかつて領主が守った書簡や巻物が朽ちかけた箱に
残っている。その内容は、昔この地で微弱な呪術が行使され、それが
半ば覚醒して鼠を呼び寄せていることを示唆する。

・ムーアは猫の目で暗がりを捉え、最奥部の穴蔵を発見する。そこには
魔術的な気配をまとった細い裂け目があり、そこから鼠が絶えず湧い
ていた。実態は微小な魔術的乱れが空間をゆがめ、よそから鼠を呼ん
でいるらしい。

《解決と帰還》

・ムーアは特別な魔力は持たないが、塔内部の布切れや腐食したガラス
片、散らばる羊皮紙片を用いて物理的な障壁を築く。さらに細心の注
意を払って塔内の鼠を追い出し、森へと誘導することで、塔内の残滓
した魔力が徐々に鎮静化する。その過程で、ムーアは長い時間をかけ
て内部の構造を理解し、柔軟な立ち回りで鼠の動線を変える。

・魔力は大規模でなく、人為的な解呪も不要だが、塔に残る断片的な手
紙や記録から、昔この地で卑劣な密儀が行われたことが想起される。
ムーアはそれを言葉にできないが、静かに理解し、その地から離れ、
村へ戻る。

・村では鼠害が徐々に収まり、老書記官は旅立つ前に一冊の古い写本を
残していく。その中には黒猫が古来より土地を見守ってきたことを示
唆する断片的伝説が含まれている。ムーアは書棚の上で丸くなり、獲
物のいない静かな夜を過ごす。

こうした構成で、主人公は派手な冒険者ではなく、あくまで黒
猫として小規模な冒険を行い、土地に眠る小さな乱れを正す存

在として描写する。語り口も古い寓話や伝承的な静かなトーンで進める。そうすることで、なろう系的な派手な成り上がりではなく、古典的冒険譚に近い落ち着いた趣を反映できる。

※AIが生成する情報には誤りが含まれている可能性があります。

すごいね！ でも、できれば、結末だけもうちょっとカッコよくしたいなぁ。僕が派手に活躍するような感じに……。

その場合は、「最後、主人公のトラちゃんがもっと派手に活躍する展開になるように書き直してください」って伝えれば、新しいプロットを考えてくれるよ。何度かトライしてみて、あらすじをいくつか作ってもらうといいかもしれないね。

冒険小説のカッコいい結末を教えて！

健康　　　　　　　　　　　　　　　　　prompt26

チャームポイントのおなかが気になるから、日々できるダイエット方法を教えて！

最近、毛並みがちょっと気になるんだよね……。

普段トラちゃんは寝てばかりだから、ケアが必要かもね（笑）。毛並みを良くするアイデアも、聞いてみたら教えてくれるよ！

【プロンプト】

エキゾチックショートヘアの黒猫です。毛並みを良くしたいんだけどもどうしたらいいか教えてください。ブラッシングとかそういう感じのいい方法があるといいですね。

【回答】

エキゾチックショートヘアの黒猫ちゃんの毛並みを良くするためのいくつかの方法をご紹介します。以下のポイントを参考にして、愛猫の健康で美しい被毛を保ちましょう。

①定期的なブラッシング

・**頻度**

毎日または最低でも週に数回ブラッシングを行いましょう。エキゾチックショートヘアは被毛が密であるため、絡まりやすいです。

・**効果**

毛抜けを減らし、皮膚の血行を促進して自然な光沢を保ちます。また、ブラッシングは猫とのコミュニケーションにもなり、ストレスを軽減します。

②適切なシャンプー

（おすすめのシャンプーは？）

・**使用頻度**

必要に応じてシャンプーを行いますが、過度な洗浄は皮脂を奪い、被毛の健康を損なう可能性があります。月に1回程度が目安です。

・**おすすめの製品**

猫用の低刺激性シャンプーを選びましょう。特に黒猫の場合、光沢を出すためのツヤ出しシャンプーも効果的です。

③バランスの取れた食事

・栄養素
高品質なタンパク質、オメガ3・オメガ6脂肪酸を含むフードを選び
ましょう。これらは被毛の健康と光沢を保つのに役立ちます。

・サプリメント
必要に応じて、獣医師と相談の上でサプリメントを追加することも検
討してください。

④十分な水分補給

・水の提供
新鮮な水を常に用意し、猫が十分に水を飲むよう促しましょう。水分
不足は被毛の乾燥や皮膚のトラブルを引き起こす原因となります。

・ウェットフードの利用
ドライフードに加えてウェットフードを与えることで、自然に水分摂
取量を増やすことができます。

⑤定期的な健康チェック

・獣医師の診察
定期的に獣医師の診察を受け、健康状態をチェックしましょう。皮膚
や被毛のトラブルは内的な健康問題のサインであることもあります。

・寄生虫対策
ノミやダニなどの寄生虫が被毛や皮膚に悪影響を与えることがあるた
め、予防対策を徹底しましょう。

⑥ストレスの管理

・環境の整備
静かで安全な環境を提供し、ストレスを最小限に抑えましょう。スト
レスは被毛の健康に悪影響を与えることがあります。

・遊びと運動
適度な遊びや運動を取り入れ、猫の精神的・身体的な健康をサポート
します。

⑦適切な環境管理

・清潔な生活空間
定期的に寝床やトイレを掃除し、清潔な環境を維持しましょう。ダス
トや汚れが被毛に付着すると、毛並みが悪くなる原因となります。

・湿度管理
　適切な湿度を保つことで、皮膚と被毛の乾燥を防ぎます。加湿器の使用も検討してみてください。

これらの方法を組み合わせて実践することで、エキゾチックショートヘアの黒猫ちゃんの毛並みを美しく保つことができます。愛猫の状態に合わせて、無理のない範囲でケアを続けてください。また、何か異常を感じた場合は早めに獣医師に相談することをお勧めします。

※ AIが生成する情報には誤りが含まれている可能性があります。

どうかな？

挑戦してみたいのはいくつかある！ シャンプーは嫌いだけど、毛並みのためなら我慢できるかも……。

ゲーム制作

prompt27

毛糸玉を積み上げるゲームとか、作れるかな？

最近、トラちゃんは暇さえあればゲームばっかりやっているね。どうせなら自分で作ってみたら？

生成AIってゲームも作れちゃったりするの？

もちろん、作り方を教えてくれるよ。

── 【プロンプト】 ──

猫が毛玉を積み上げるゲームをPythonで作りたいです。猫の画像と毛玉の画像は用意してあります。

【回答】

必要な準備

1. Pythonのインストール:

Python 3.x がインストールされていることを確認してください。

2. Pygameのインストール:

bash
コードをコピーする
pip install pygame

3. 画像の準備:

- cat.png: 猫の画像
- hairball.png: 毛玉の画像
- これらの画像をプロジェクトフォルダに配置します。

基本的なゲームの流れ

1. ゲームの初期化:

Pygameの初期化とウィンドウの設定。

2. 画像の読み込み:

猫と毛玉の画像を読み込みます。

3. ゲームループ:

- ユーザー入力の処理(例えば、猫の移動)。
- 毛玉の生成と移動。
- 衝突判定(猫が毛玉をキャッチする)。
- 毛玉の積み上げ処理。
- 画面の更新。

サンプルコード

以下は、基本的な猫が毛玉をキャッチして積み上げるゲームのサンプルコードです。

```python
コードをコピーする
import pygame
import random
import sys

# 初期化
pygame.init()

# 画面サイズ
WIDTH, HEIGHT = 800, 600
screen = pygame.display.set_mode((WIDTH, HEIGHT))
pygame.display.set_caption("猫の毛玉ゲーム")

# フレームレート
clock = pygame.time.Clock()
FPS = 60

# 色の定義
WHITE = (255, 255, 255)

# 画像の読み込み
cat_image = pygame.image.load('cat.png').convert_alpha()
hairball_image = pygame.image.load('hairball.png').convert_alpha()

# 猫の設定
cat_rect = cat_image.get_rect()
cat_rect.midbottom = (WIDTH // 2, HEIGHT - 10)
cat_speed = 5

# 毛玉の設定
hairballs = []
hairball_speed = 3
spawn_event = pygame.USEREVENT + 1
pygame.time.set_timer(spawn_event, 1000)  # 1秒ごとに毛玉を生成
```

```python
# 積み上げた毛玉のリスト
stacked_hairballs = []

# メインループ
running = True
while running:
    clock.tick(FPS)
    for event in pygame.event.get():
        if event.type == pygame.QUIT:
            running = False
        elif event.type == spawn_event:
            x_pos = random.randint(0, WIDTH - hairball_
image.get_width())
            hairball_rect = hairball_image.get_
rect(topleft=(x_pos, -hairball_image.get_height()))
            hairballs.append(hairball_rect)

    # キー入力の処理
    keys = pygame.key.get_pressed()
    if keys[pygame.K_LEFT] and cat_rect.left > 0:
        cat_rect.x -= cat_speed
    if keys[pygame.K_RIGHT] and cat_rect.right < WIDTH:
        cat_rect.x += cat_speed

    # 毛玉の移動
    for hairball in hairballs[:]:
        hairball.y += hairball_speed
        # 猫との衝突判定
        if hairball.colliderect(cat_rect):
            hairballs.remove(hairball)
            # 積み上げる位置を計算
            if stacked_hairballs:
                last = stacked_hairballs[-1]
                new_hairball = hairball_image.get_
rect(midtop=(last.midtop[0], last.top - hairball_image.
get_height()))
            else:
                new_hairball = hairball_image.get_
rect(midtop=(cat_rect.centerx, cat_rect.top - hairball_
image.get_height()))
            stacked_hairballs.append(new_hairball)
```

```
        # 画面外に出た毛玉を削除
        elif hairball.top > HEIGHT:
            hairballs.remove(hairball)

    # 画面の描画
    screen.fill(WHITE)
    # 積み上げた毛玉を描画
    for hb in stacked_hairballs:
        screen.blit(hairball_image, hb)
    # 猫を描画
    screen.blit(cat_image, cat_rect)
    # 現在の毛玉を描画
    for hairball in hairballs:
        screen.blit(hairball_image, hairball)

    pygame.display.flip()

pygame.quit()
sys.exit()
```

コードの説明

1. 初期化と設定：

・Pygame を初期化し、画面サイズやフレームレートを設定します。
・猫と毛玉の画像を読み込み、それぞれの Rect オブジェクトを取得します。

2. 猫の操作：

・キーボードの左右キーで猫を左右に移動させます。
・猫の位置が画面外に出ないように制限しています。

3. 毛玉の生成と移動：

・一定時間ごと（この例では1秒ごと）にランダムな位置から毛玉を生成します。
・毛玉は下方向に移動し、画面外に出た場合はリストから削除します。

4. 衝突判定と積み上げ：

・毛玉が猫と衝突した場合、その毛玉を積み上げリストに追加します。
・積み上げる際、既に積み上がっている毛玉の上に新しい毛玉を配置します。

5. 描画：

- 画面を白でクリアし、積み上がった毛玉、猫、現在落下中の毛玉を順に描画します。
- pygame.display.flip()で画面を更新します。

追加のアイデア

- **スコアの表示**
  捕まえた毛玉の数をカウントし、画面に表示する。

- **難易度の調整**
  毛玉の落下速度や生成頻度を徐々に速くする。

- **ゲームオーバー条件**
  毛玉が積み上がりすぎたらゲームオーバーにする。

- **サウンドの追加：**
  毛玉をキャッチした時やゲームオーバー時に音を鳴らす。

- **グラフィックの改善**
  背景画像やアニメーションを追加して見た目を向上させる。

まとめ

上記のサンプルコードは、基本的な猫が毛玉をキャッチして積み上げるゲームの骨組みです。これを基に、さらに機能を追加したり、デザインを改善したりして、自分だけのオリジナルゲームを作成してください。Pygameの公式ドキュメントやチュートリアルも参考になるので、ぜひ活用してください。

- Pygame公式サイト：
  https://www.pygame.org/docs/
- Pygameチュートリアル：
  https://www.pygame.org/wiki/tutorials

※ AIが生成する情報には誤りが含まれている可能性があります。

上記のコードでゲームが完成！

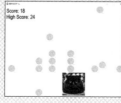

コードを入れても起動しない場合は「起動しません」と入力したり、機能を追加したい場合は「毛玉が積み上がるほどスコアが上がるように」とか「毛玉を落としたらゲームオーバーに」とか入れたりしてみて。

 猫の僕が言うのもあれだけど、これなら小学生でもできるね！

作文

prompt28

『月刊猫』に投稿する作文のテーマを教えて！

 僕が毎月読んでいる月刊誌『月刊猫』に作文を投稿したいんだけど、どんなテーマがいいかな？

作文のテーマや構成のアイデアをもらうためには、どんな方向性かだけ入力すれば大丈夫だと思うよ！

――【プロンプト】――　　

『月刊猫』に作文を投稿するのにどんな内容がいいかな。作文だからエッセイとか散文がいいような気がするんだけど。

【回答】

『月刊猫』への投稿でエッセイ的な文章を考える際には、まず「猫」にまつわるテーマを軸にしつつ、読者が情景を想像しやすく、共感や発見を得られるような内容が好まれるでしょう。以下は具体的なアイデアです。

日常の中の小さなドラマ

たとえば、飼い猫が朝、窓辺で鳥を眺めるしぐさ、餌皿の前で首をかしげる様子、日なたぼっこをするときの満足げな表情など、ごく日常的な光景を丁寧に描写してみる。猫との日常を「場面」を切り取ったようなタッチで文章化すると、読者は自分自身の猫との暮らしを重ねやすくなります。

> 例：休日の朝、カーテン越しに差し込む光の中で、飼い猫がゆっくりと身づくろいをする様子を観察し、その一瞬がもたらす穏やかな幸福をエッセイ風にまとめる。

猫を通じて見える世界

猫を観察することで、自分自身や周囲の環境の見え方が変わることを書き出すのもおもしろいです。「猫がいるからこそ気づいた季節の移ろい」「猫がいるから感じられた家の中の"静寂"と"賑わい"」など、人間目線で見落としがちなことを猫が存在することで再発見した、という視点でまとめてみると深みが出ます。

> 例：廊下の隅で丸くなっている猫が、季節によって寝床を微妙に変える様子から、家全体の気温や光の差し込み方を改めて意識するようになった話など。

思い出と猫

過去に出会った猫や、子どもの頃に飼っていた猫の記憶、あるいは旅行先で見かけた野良猫との一瞬の交流。それらの「猫に関する記憶」を軸に、時間の流れや自身の成長を感じさせる回顧的なエッセイも読ませます。

> 例：実家で飼っていた猫が自分にとってどんな存在だったのか、引っ越しや進学、就職といった人生の転機で、その猫が心のよりどころになっていたことを振り返る。

猫と人との微妙な距離感

猫が人間に対して保つ、あの独特の距離感にスポットを当てて書くのも印象的です。撫でられたいときとそうでないとき、甘えたいけれど独立心も強い猫の「つかず離れず」の関係性から、人間関係や自立・依存といったテーマを抽象的に展開することもできます。

> 例：飼い猫が自分の膝に乗るまでにかかる微妙な間合いを通じて、他者との距離の取り方や心地よい関係性とは何か、静かに考察する。

町の中の猫と文化

猫が多く暮らす町並みや、猫がシンボルとなっている地域・国に着目して、猫がその土地の文化や暮らしにどう溶け込んでいるかを描く。

> 例：旅先で見かけた「猫島」の猫たちが、観光客との交流や住民との共生の中でどのように生活しているか、それがその土地特有の風景であることを書き記す。

まとめると、「猫」を通して自分や世界を見つめ直す視点、「日常の断片」を詩的に切り取る技法、思い出や文化へのまなざしといったアプローチが、エッセイ的な散文として魅力的に仕上がるのではないでしょうか。読者が思わず共感したり、ほっこりしたり、何かを発見できるような猫エッセイが目指せると思います。

※AIが生成する情報には誤りが含まれている可能性があります。

エッセイか散文かって入れただけなのに!!

ビジネスプラン

prompt29

猫カフェを開くならどんな作戦がいい？

僕もオチアイみたいにビジネスをやってみたいなぁって思うんだけど、猫カフェの企画を作るならどんな作戦がいいか聞いてみてもいいかな？ プロンプトのコツがあったら教えて！

それなら場所と内容は指定してあげて、フェルミ推定をしてもらったうえでのプランを提案してもらおう！

―【プロンプト】―――――

猫カフェのビジネスプランを作りたいんだけど、有楽町でご飯カフェをやるビジネスプランを考えたいです。かつフェルミ推定して、ビジネスマンはどのくらいいるかとか、訪問地域の住民とか、土地の価格とか、ユーザー層とか、あとは家賃とビジネスモデルと想定来客数と客単価を考えながらビジネスで必要そうなものを使ってビジネスプランを作ろう。収益モデルは別にそんなに利益では出なくていいよ。

85

【回答】

以下は、有楽町で猫カフェ（軽食提供を含む）を開業する場合のビジネスプランをオブジェクト指向的な要素分解を用いて整理したものである。各要素はオブジェクトと見なし、相互接続性を考慮する。

クラス構成例：

クラス名：Location

- プロパティ：
- 地域名："有楽町"
- 立地特性：ビジネス街、高級商業エリア、商業施設・劇場・映画館・百貨店集中
- 駅からの距離：有楽町駅徒歩5分圏内を想定
- 人通り：平日ビジネスパーソン、週末ショッピング客・観光客、周辺オフィスワーカー
- 周辺の家賃相場：地上路面店で坪あたり月3～5万円（参考値）、地下物件や2階以上でやや低下

クラス名：LandPriceEstimate

- プロパティ：
- 土地価格レンジ：有楽町界隈は商業地価が高く、1㎡あたり数千万円～（路線価含参考）、実際の店舗契約は賃貸借で実施
- 設置形態：地下階の場合は相対的に賃料低下可、誘導看板設置による集客要
- テナント形態：ビルイン物件の賃貸借契約

クラス名：Rent

- プロパティ：
- 想定面積：約30～40坪程度（小規模猫カフェとして10匹程度の猫収容空間＋軽食用テーブル席）
- 賃料：月額100～150万円レンジを想定（テナント物件、設備・管理費込み）
- 敷金・保証金：賃料の6～12カ月分を初期費用として想定
- 更新条件：2年ごと、更新料1カ月分程度

クラス名：UserSegments

- プロパティ：
- ターゲット1：有楽町周辺オフィスワーカー（平日昼休み・仕事後）
- ターゲット2：周辺商業施設訪問者（丸の内・銀座エリアからの流入、週末多め）
- ターゲット3：観光客・地方からの来訪者（東京駅近接地帯からの流入）
- ターゲット4：地域住民（富裕層は多くはないが高所得会社員、または周辺マンション居住者）

クラス名：CustomerFlowEstimation

- プロパティ：
- 平日昼：オフィスワーカーがランチ・休憩タイムに1～2時間程度滞在
- 平日夕方～夜：仕事帰りの短時間滞在
- 週末：ショッピング客、観劇前後の観光客が数時間滞在
- 1日あたり想定来客数：平日30～50名程度、週末60～80名程度
- 月平均来客数：（平日20日×40名 ＋ 土日祝8日×70名）＝ 800 ＋ 560 ＝ 1360名程度

クラス名：PricingModel

- プロパティ：
- 入場料（時間制）：1時間あたり1500円程度（ドリンク1杯サービス）
- 延長30分毎：700～800円程度
- 軽食類：サンドイッチや小菓子500～800円程度
- 平均客単価：1名あたり2000～2500円程度想定（滞在1～1.5時間 ＋ 飲食）

クラス名：RevenueModel

- プロパティ：
- 月間売上試算：来客1360名×客単価2000～2500円 ＝ 約272～340万円
- 利益重視でなくても経費圧縮を意識
- 固定費：賃料100～150万円、光熱費・清掃費・猫飼育費・スタッフ人件費など合わせ100～150万円程度
- 猫関連費用（飼育、健康管理、保険等）：月20～30万円
- スタッフ人件費：正社員1～2名 ＋ アルバイト数名で月80～100万円程度想定
- 固定費合計：約300～400万円／月

- 損益分岐ラインの近辺を想定し、PRやメニュー拡張による追加収益で補完

クラス名：BusinessModel
- プロパティ：
- 基本コンセプト：猫とのインタラクション＋軽食・ドリンクで滞在価値提供
- ターゲット層：ストレス解消目的のビジネスパーソン、観光客、買い物客
- プロモーション：有楽町駅周辺広告、SNS発信（インスタグラム・X等）、口コミ誘発
- 会員制度：月定額プラン（例：月1～1.5万円で週1来店可）など、常連顧客確保
- 猫の健康管理ガイドラインと衛生管理体制で信頼性確保
- 飲食は簡易な軽食・飲み物提供で調理設備を最低限にし、コストとリスクを抑制

クラス名：RiskMitigation
- プロパティ：
- 賑わいへの依存：有楽町は集客力が高いが、賃料負担も高い
- 景気変動：ビジネス需要減退時には集客低下リスク
- 季節要因：観光客動向、イベント開催状況による来客変動
- マーケティング強化・オムニチャネル展開で平準化

クラス名：OverallPlan
- プロパティ：
- 所在地：有楽町駅至近、2階以上または半地下物件で賃料をやや抑制 - 店舗規模：30～40坪程度
- 客席数：猫対応を考慮し20～30席程度
- 猫数：約10匹、定期的な健康チェック実施
- オープン前調査：平日夕方・週末来街者カウント、競合他店（周辺カフェ、猫カフェ）の状況把握
- 資本計画：初期投資は敷金・内装費・猫関連設備で総額1000～1500万円程度

これらのクラス（オブジェクト）をもとに、実際の契約交渉・集客施策・PR戦略・メニュー差別化等

を組み合わせ、全体最適化を図ることでビジネスプランを具体化できる。利益を強く求めない前提ではあるが、費用と収入構造を明確化することで収支バランスを一定範囲で保ちながら、顧客満足度と店舗維持性を考慮した運営が可能となる。

※ AIが生成する情報には誤りが含まれている可能性があります。

この回答を生成AIに読み上げながら、わからない箇所や疑問点を聞いてみよう！

歴史の偉人とお話

prompt30

歴史上の猫と話をできる？

最近、夏目漱石の『吾輩は猫である』を読んだんだよね……。「吾輩」さんには、猫の先輩として、憧れちゃうなぁ。あの猫と仲良くなる方法ってあるのかなぁ。

本人（猫）とは話せないかもしれないけど、仮想的にだったら4歳の黒猫のトラちゃんという立場で、吾輩と話すことは可能だよ。あの有名な『吾輩は猫である』の吾輩は、夏目漱石の小説に登場する猫で、ちょっと風変わりで哲学的な視点を持った猫だから、きっとおもしろい会話ができるんじゃないかな？

─【プロンプト】─

歴史上の猫と話をしたいです。私はエキゾチックショートヘアの黒猫です。夏目漱石の小説に出てくる『吾輩は猫である』の猫とかそんなのと喋ってみたいんだけども、そういった対話はできますか。対話するようなふりをするだけなんですけど推論してやってみてください。

─【回答】─

（あなた：エキゾチックショートヘアの黒猫）
「吾輩は黒猫と申す。エキゾチックショートヘアという種だ。貴殿は、漱石殿の書につづられし猫殿と拝察するが、いかがであろうか。吾輩、卿の立場、すなわち名もなき猫として作者に記録された御身について、兼ねてより興味があった。」

（吾輩は猫である：夏目漱石の猫）
「吾輩は猫である。まだ名は無い。されど黒猫殿、エキゾチックショートヘアなる御身と対面しようとは思いも寄らぬことなり。漱石の几帳面なる書斎を出て以来、さまざまな人間や猫について思索してきたが、そちらは、何ゆえこの吾輩に言葉をかけるのか？」

（あなた）
「吾輩は単純に、貴猫が見聞きし思索した人間社会の奇妙さや、旧い時代の東京の佇まいを知りたいと思うのである。吾輩は近年の人間界に暮らすゆえ、彼らが変化とやらを愛し、新たな玩具を次々と生み出す様子はわかっておる。だが、貴殿のいた時代の人間たちは、一体どのような理屈で日々を積み重ねておったのか？」

（吾輩は猫である）
「ふむ、人間どもは得体が知れぬと吾輩も思っておった。吾輩の見た当時の人間どもは、文明開化を経てなんとやらと得意げな顔をしていたが、内心

は、どうやら金銭や名誉、また世間体と称する幻影を追うことに躍起になっておったようである。彼らは新たな学問や制度を取り入れては、さも自分が上等な生き物になったかのように思い込む。しかし、吾輩にしてみれば、椋鳥と大差あるまい。騒ぎ立て、己が餌を掴むために右往左往するばかり。その中で、漱石殿はじっと観察し、ペン先で人間の滑稽さを繰り返し確かめていた。吾輩はただ、その背を眺めていたのみ。」

（あなた）
「なるほど、文明開化の人間どもも、現代の人間も、根っこのところは、己が欲求や思惑に振り回されておる点、あまり変わらぬな。吾輩は短い鼻と愛嬌ある顔つきで、彼らが急ぎ足でスマートなる装置を操り、情報とやらを弄び、そしてまた疲れ果てて眠る様子を見ている。貴殿から見れば、そんな行動はどのように映るであろうか？」

（吾輩は猫である）
「スマートな装置とな、何やら吾輩には理解しがたい物も多いが、要は彼らなりに己が楽をし、己が満足を得る手立てを増やしているに過ぎぬのであろう。しかし吾輩からすれば、人間は昔も今もさほど賢くはない。彼らはいつも不安定で、余計な考えにとらわれている。われわれ猫族は、食卓に好餌があり、日だまりで背中を温められれば、大抵のことはどうでもよい。だが人間は、環境が整ってもさらなる何かを追い求め、隣人と比較し、己の価値を問う。その不自由さは、猫には理解できぬものなり。」

（あなた）
「誠に同感である。吾輩も、柔らかな寝床と日差し、適度な食事があればよい。彼らが何ゆえ、常に他者や自身への評価を求めるか、実に不可解に思う。吾輩が黒い毛並みを撫でながら、静かに昼寝を決め込んでいれば、人間などどの時代においても似たようなもの、と達観できる。貴殿との話は興味深く、時を超えた猫同士の見解交換は有意である。」

> (吾輩は猫である)
> 「そうであろうとも。吾輩もまた、時空を超え黒猫殿に出会い、いささか面白いと感じておる。時代が移ろうと、人間が何を手に入れようと、結局その内側の騒がしさは変わらぬ。吾輩は存ずる。猫であるならば、ただ然るべき居心地のよい場を保ち、面白く、気ままに生きればよい。それが、どの時代をも超えて、猫族に共有される唯一確かな智慧である。」
>
> 以上は、あなたがエキゾチックショートヘアの黒猫として「吾輩は猫である」の猫に話しかけた場合の対話を推論的に示したものです。

※AIが生成する情報には誤りが含まれている可能性があります。

『吾輩は猫である』ってどんな話?

こうやって「吾輩」と会話できるんだね! すごい、ヒマなときとかハマっちゃいそう……。

おもしろいよね。ブレストとかに使うのもいいと思うよ!

**満足がいかないAIの回答には、
修正のプロンプトを何度も入力すればいいのか!
ちゅ~るの味はいつ食べても完璧なのにな~**

さあ、トラちゃん！ 生成AIを使って お勉強するよ〜

第4章

技術的負債の棚卸しって何？

🐾 親猫も子猫も役立つ 生成AIの苦手克服術 🐾

何でも教えてくれる生成AIは、独学にも非常に向いているツール。自分が究めたいものや興味・関心がある事柄について、掘り下げて学習していくサポートをしてくれます。そこで、生成AIを使った独学が大好きで、その行為を「技術的負債の棚卸し」と呼んで日々実践しているオチアイにトラちゃんが、そのやり方について聞いてみました。

ゴロゴロするのに忙しくて 勉強なんてできないよ〜

技術的負債の棚卸し　　prompt31

「技術的負債の棚卸し」って何？ おいしいの？

オチアイは生成AIでいろんなことをしていると思うんだけど、どんなことをするのがいちばん好きなの？

自分の中にある「技術的負債」をつぶしていく作業が好きかな。

……。「ギジュッテキフサイ」って何？

現時点で自分ができないことだよね。それを私は技術的負債と呼んでいる。毎日最低1個ずつ、自分がまだ知らない技術やできないことを思い浮かべては、生成AIで調べて、埋めていくんだよ。

具体的にはどんなものが技術的負債になるの？

日常で目にする技術や新しい論文に書かれたコード、ファミレスのタッチパネルのしくみとか、いろいろあるよ。自分が理解できない技術は、生成AIに聞いてみてどうやって作るかを教えてもらう

んだ。さらに、「今、自分の技術的負債はどんなものがあるんだろう?」と定期的に見直すことで、できないことがあると生成AIで学ぶようにしている。この行為を、私は「技術的負債の棚卸し」と呼んでいるよ。

 このマークを見つけたら、AIとしゃべるようにプロンプトを入力しよう!

技術的負債って何?

そんなふうにオチアイは毎日学んでいるんだねぇ。最近は、何か技術的負債の棚卸しをした?

最近だと、「PerplexityのAPIを動かす」とかかな。あと、生成AIに教えてもらった「コハダのさばき方」はまさに技術的負債だよね。私はこれまでの人生でコハダをさばいたことはなかったし、料理は普段あんまりやらないんだけど、コハダが目の前にあったらさばかないといけないからね。

生成AIに聞いただけで、うまくさばけるんだ!?

うん、かなりうまくできたと思う。

オチアイはいつから技術的負債が気になるようになったの?

かなり幼い頃じゃないかな？ 私は小さい頃から何かを作るのが好きだったから。3歳くらいからロボットのプログラムを組み立てたりするのが好きだったし。8歳のときにはプログラムを書きたくて、コンピュータを買ってほしいなって思っていたからね。あと、油絵を描いていたな……。もちろん、小さい頃からコンピュータやロボットを触らせてもらえる環境にいたわけだから、親の影響は少なからずあるとは思うんだけどね。

何か新しいことを学ぶときに人から聞いたり習ったりするより、生成AIを使うほうが学びやすいの？

そうだね。自分にとっても相手にとっても、負担が少ないからね。何かを誰かに教えてもらうと、時間も合わせなくちゃいけないし、お金も払わなきゃいけない。そのコストを考えると、**生成AIに聞いてできないことをできるようにするほうが人に聞くよりもコストパフォーマンスが高い**気がするな。もちろん、隣に寿司職人がいて、すぐにコハダのさばき方を教えてもらえるなら人に聞くけどね。

コストパフォーマンスって何？

コハダのさばき方を教えて！

> 過去事例　　　　　　　　　　　　　　　prompt32
> # オチアイが技術的負債の棚卸しで
> # 作ったものは？

技術的負債の棚卸しをしているなかで、オチアイが作ったものっていろいろありそうだね。どんなものがあるのか教えてもらってもいい？

以前はたまにChatGPTなどを相手にしてブレストをしていたんだけど、そんなに的確な答えをくれないから、もっと適切なブレスト相手になる生成AIはないものか……って考えたんだよね。
そしたら、「自分を相手にブレストする生成AIを作ったことがなかったけれども、自分で作れないだろうか」と思いついて。そこで、Claude内に「落合陽一のブレスト」っていう生成AIを自前で作ったんだけど、これがすごく便利なんだよ。作品やプロジェクトのアイデア出しから論文のプロット作りまで、本当によく使っているね。

なんだかすごそうだね。どうやって作ったの？

やり方はけっこう簡単だよ。Wikipediaやリサーチマップ、Googleスカラーなど、私のプロフィールや過去に書いた論文のタイトルとかをどんどん

入力していく。そうすると、過去に私が何をしてきたか、どういう発言をしてきたか、何を考えてきたかをわかってくれるでしょ？

……？

すでに私のデータはその生成AIのメモリにインプットされているから、その過去のデータを参照して、「次に何をするべきか」「こういうテーマでアートを作ったらどうか」といったアイデアを重複なく提案してくれるんだ。

えー、難しい。もっと具体的に教えて！

たとえばさ、私が新しい論文を書こうとするじゃない？　そこで「どういうテーマがいいかな」と聞いたら、「あなたは2024年にはこういう論文を書いているから、それと重複しないテーマならこういうのがいいんじゃない？」と教えてくれたりするんだよね。

そうだよねぇ。オチアイは記憶力がかなりいいと思うけど、いっぱい論文を書いていると忘れちゃうよね。

確実に忘れるね。あと、自分に関する情報は、ハルシネーション（※prompt49参照）が起こっているかどうかがわかりやすいから、チェックしやすいのもいい点だと思うよ。

もう一人のオチアイがいるって感じだね……！

そうだね、感覚的にはそれに近いかもしれない。たとえば、この本の主題は「落合陽一にプロンプトを100個入力してみよう」だけど、この「落合陽一ブレスト」を使ったら、私が回答したかのような100の回答も作ってくれると思うよ。ちょっとClaudeにそのプログラムコードの書き方を聞いてみようかな……。

え、今からプログラミングするの？ 今、僕と話しているのに……！

……（無言で作業に没頭）。

黙り込んじゃった（これはしばらく作業をやめないな……）。

……（無言で作業に没頭）。

（これがまさに、技術的負債の棚卸しなんだろうなぁ……）。

※このおよそ30分後、オチアイは「落合ブレスト用のソフトを使って100のプロンプトに答えてくれるソフトウェア」を完成させました。

独学　　　　　　　　　　　　　　　　　　　　prompt33

子猫も大人猫も生成AIでお勉強する時代？

オチアイの話を聞いていると、生成AIは独学にすごく役立ちそうだね。学校に行ったりしなくても生成AIの力を借りていろんなことが学べるのは、いいなぁって思うよ。これから、子猫も大人猫も生成AIで勉強する時代だね！

そうだね、生成AIの登場で独学のかたちが大きく変わってきているよ。たとえば、自分で新しい知識を身につけたいときに以前は学校の先生や本に頼ることが多かったけど、今は生成AIに直接質問することができるんだ。ChatGPTみたいな生成AIを使えば、複雑なこともわかりやすく教えてくれるから学びがもっと身近で手軽になったなと思うよ。

（独学って何？）

100

へえ〜、すごいね！ もう、わからないことがあったら全部AIに聞いちゃえばいいんだね。

まさにそうだね。数年前までは、子どもたちがAlexaに「算数を教えて」って聞いていたけど、これからは生成AIを使って、もっと深い内容の質問ができるようになると思う。難しい計算の解き方とかの座学だけじゃなくて、サッカーの練習方法や体の使い方みたいな知識も生成AIから学べる時代になるんじゃないかな。

これまでは「ググればいい」っていう感覚だったけど、これからは「生成AIに聞けばいい」って感じになるのかもね！

その通り。勉強だけじゃなくてスポーツや趣味まで、何でも生成AIを通して学ぶ時代が来ると思うよ。

生成AIを使った独学は、子どもだけじゃなくて大人にも有効だよね。

もちろん、大人だって使ったほうがいいよ。わからないことやできないことがあれば、どんどん生成AIに質問してみるといいんじゃないかな。

大人で独学をしたい人におすすめの使い方とかある？

ちょっと上級者向けの独学であれば、論文を読むことだね。自分で何かを勉強するうえで、やっぱり論文を読むことって大事だと思うんだ。なぜなら、そのジャンルにおいて最新の情報が載っているわけだから。トレンドを知っておくことは重要だと思うんだよね。

でも、論文を全部読むのは大変だよー。

難しいから、多くの人は途中であきらめてしまうよね。たしかに全部読もうと思うと大変だけど、生成AIを使うと、要約も簡単にしてくれるから読みやすくなる。あと、外国語の論文を読まなきゃいけないとき、生成AIを使えば日本語に翻訳してくれる。時間を大幅に節約できるよ。

それ便利だね！　もう辞書や翻訳サイトに頼らなくていいんだね。

そうだね、特に忙しい社会人や研究者には、かなり強力な味方になると思うよ。今の時代、リカレント教育が重視されているから、技術的負債を解

消していくのが大事だと思う。世界はどんどん進歩しているから、こうやって自分ができないことを意識的に学ぶことがこれからの時代では欠かせないスキルになると思うんだ。

生成AIを使って自分で学ぶ癖をつけておくことが大切なんだね。

そういうことだね。この習慣がある人とない人の間では、すごく大きな差がつくと思う。

オチアイみたいに技術的負債の棚卸しを1日1個くらいやっていったら、年間で365個も新しくできることが増えるんだもんね。僕もがんばろうかな！

工夫 ───── prompt34

新しいことを学ぶとき、どんな工夫をすればいい？

ねえ、オチアイ、生成AIを使って新しいことを学ぶとき、何か工夫したほうがいいのかな？

うーん、工夫ね。AIを使って学ぶときには、いくつかポイントがあるんだ。まずは、目的をはっきりさせることが大事だよ

 目的か、なるほど。たとえば、今日はこれを学ぼうって決めてからAIを使うってこと？

そうそう。たとえば、歴史を学ぶなら、最初にどの時代を学びたいのか決めて、そのあとに具体的な質問を投げかけると情報が整理しやすいんだ。

 なるほどね。抽象的な質問じゃなくて、具体的な質問をするのがポイントなんだ！

そうだね。さらに、単純に"歴史を教えて"というプロンプトよりも、"第二次世界大戦について教えて"と具体的なほうが、より正確な情報を引き出せるんだよ。

 フゴフゴ。具体的なキーワードを入れるってことだね。

そうだね。それと、次に大事なのは、質問を分けることだよ。たとえば、「江戸時代」について知り

たいとするよね。「江戸時代について教えて」と抽象的な質問をすると浅い情報しか出てこないから、「江戸時代はなぜ始まったのか？」「江戸時代は現代と何が違うのか？」などと1つずつ聞くほうが、理解が深まるんだ。

江戸時代はなぜ
始まったのか？

一度に多くを求めないってこと？

その通り！　段階的に引き出していくのがおすすめだよ。

質問のコツ ──────────── prompt35

新しいことを学ぶとき、上手な質問の仕方は？

ねえオチアイ、AIから新しいことを学びたいんだけど、もし答えがイマイチだったらどうするの？

その場合、もう一歩踏み込んだ質問をしてみよう。たとえば「もう少し簡単に説明してくれる？」とか、「これを別の例で教えてくれる？」って聞くんだ。それで、AIがよりわかりやすく答えをくれる

ことが多いんだよ。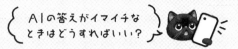

ちなみに、質問するタイミングって重要なのかな？

AIは繰り返し質問されると、的確な答えを導き出してくれるようになるんだ。最初の答えに対して「どうしてその結果になるの？」「この部分はもっと詳しく知りたい」などとさらに深掘りして聞くと、より詳しい情報を得やすくなるよ。

なるほど、質問を深く掘り下げていく感じだね！僕、あんまり深く考えずにすぐに聞いちゃうことが多かったけど、これからはちゃんと考えて質問するようにするよ。

うん、そうすると新しい知識をもっと効率よく学べるよ。ぜひ試してみてね。

外国語　　　　　　　　　　　　　　　　　prompt36

海外の猫の飼い主と話がしたい！

オチアイはよく海外に行っているよね。僕もいつ

か海外に行きたいんだけど、外国人の猫の飼い主とも会話できるように練習したいなぁ。

そしたら、音声入力に切り替えて、「この言語で話して！」って言えば、簡単に練習相手になってくれるよ。私もどこか海外出張に行くときは、事前に練習することが多いかな。たとえば、講演の内容をその土地の言語でディスカッションしたりして……。

それいいね、僕もそのやり方で練習してみる！

あと、スピーチの前にもよく使うよ。最近だと、中国語でのスピーチのときによく使う。たとえば、私は中国語を読むことはできるんだけど、話すのは苦手なんだ。中国の会合などに呼ばれて中国語でスピーチしなきゃいけないときには、生成AIに頼っているよ。

え、どんなふうに聞くの？

スピーチの場合は、こんな感じのプロンプトを入力することが多いよ。「私は中国語がしゃべれないので日本語を中国語に変換してほしいです。まず、メディアアーティストの落合陽一の自己紹介を日本語

で出力して、それを中国語に変換して、その変換した中国語をカタカナの日本語にしてください、カタカナの中国語を発音してください。スピーチでは、それをそのまま読み上げる予定です」とか。

それで大丈夫なの？

だいたい大丈夫だよ！　中国語だけじゃなくて、フランス語とかスペイン語とか何かしらスピーチしなきゃいけないときは、だいたいこれでなんとかなる気がするな。

すごいねぇ……。練習とかしないの？

うん、ほとんどしないかな。本番でこの文章を読み上げるだけだから、暗記もしないよ。

すごいねぇ、もう翻訳機みたいだね。ちなみに、AIが進化したら僕のフゴフゴいう声を翻訳してくれるかな？

できるかもね。ただ、僕は翻訳機がなくても、トラちゃんの言葉はある程度わかるけどね。

フゴフゴ……! 『もっとちゅ〜るをくれ!』を中国語にして!

「もっとちゅ〜るをくれ」って言っているんじゃない?

 すごい、当たってる! さすがオチアイ、僕との付き合いが長いのがわかるね!

検索 prompt37

有名な猫について教えて!

 僕もオチアイみたいに有名になりたいなぁ。どうしたら有名な猫になれると思う?

世界にはいろんな有名な猫がいるから、どんな猫がいるか調べてみたらどうかな?

 普通に「世界の有名な猫のエピソードを教えて!」って言ったらいいのかな?

その場合は、会話をする感じで検索ができる

「perplexity.ai/」がおすすめ！　やってみるね。

― 【プロンプト】 ―

 AIに話してみよう！

世界の有名な猫のエピソードを検索したりしてほしいんですけど。

― 【回答】 ―

猫にまつわる世界の興味深いエピソードをいくつかご紹介します。

歴史上の人物と猫の逸話

・ムハンマド（イスラム教の開祖）

ムハンマドは愛猫「ムエザ」を非常に大切にしていました。ある日、ムエザが服の上で眠っていた際、彼は猫を起こすことを避けるため、服の袖を切り落として外出したという話が有名です。この逸話から、イスラム教徒には猫好きが多いと言われています。

・徳川家康と眠り猫

日光東照宮にある「眠り猫」の彫刻は、実は家康を守るために薄目を開けていると言われています。この猫と裏側の雀が平和を象徴しており、戦乱のない世を願う思いが込められています。

・ウィンストン・チャーチル

イギリスの首相であったチャーチルも大の猫好きでした。特に愛した茶トラ猫「ジョック」は、彼の遺言で「チャーチル邸には常にジョックと似た猫を住まわせること」と記されており、現在でもその伝統が続いています。

猫がかかわる伝説や神話

・エジプト神話のバステト

バステトは古代エジプトで崇拝された女神で、最初はライオンの姿でしたが、のちに猫として描かれるようになりました。彼女は家庭や豊穣を

守る存在として信仰されていました。

・ケット・シー（ケルト神話）

アイルランドやスコットランドで語られる妖精「ケット・シー」は、大きな黒猫の姿を持ち、人間の言葉を話す賢い存在です。親切な人には恩返しをする一方で、不敬な扱いには厳しい報復をするとされています。

・日本の招き猫伝説

招き猫の起源には諸説ありますが、有名なものとして井伊直孝が雷雨から逃れるために寺に招かれた話や、浅草で老婆が夢枕に立った猫のお告げで福徳を得たという逸話があります。

ギネス記録とユニークな猫

・最も大きな音で喉を鳴らす猫

イギリスのマーリンという猫は、「ゴロゴロ音」で67.8デシベルというギネス記録を持っています。これは日常会話程度の音量に匹敵します。

・多指症の猫ポーズ

アメリカのポーズという猫は28本もの指を持つことで知られ、多指症としてギネス記録に認定されています。

文学や文化への影響

・夏目漱石『吾輩は猫である』

日本文学では夏目漱石の『吾輩は猫である』が代表的な作品です。この小説では、人間社会を皮肉的に描写する視点として猫が用いられています。

・エドガー・アラン・ポー『黒猫』

アメリカ文学ではポーによる『黒猫』が有名です。この作品では、主人公と黒猫との不気味な関係が描かれ、ミステリーやホラー要素が強調されています。

これらはほんの一部ですが、世界中で愛される猫には多くの興味深いエピソードや伝説があります。どれもその土地や文化背景によって独自性があり、非常に魅力的です。

※ AI が生成する情報には誤りが含まれている可能性があります。

すごい……検索結果をそのまま教えてくれるだけじゃなくて、読みやすくまとめてくれてる!

うん。でも何度も言うけど回答が必ず正しいわけじゃないから、検索結果が正しいか検証してね。

{ 世界の有名なネズミのエピソードを教えて! }

プレゼン prompt38

猫の集会での発表の準備をお願い

今度、猫の集会があるんだけど、「ちゅ〜るのおねだりの仕方」を発表したいと思うんだよね。でも、プレゼンなんてしたことないから、生成AIに聞いてみていいかな?

いいね。より具体的な手順を知りたいなら、「ステップバイステップで」という一言をプロンプトに入れるといいかもね。

――【プロンプト】――

人間にちゅ〜るをおねだりする方法をステップバイステップで教えて。

112

┌─【回答】────────────────────────────

猫の集会で発表する内容を、人間にちゅ～るをお願いする方
法についてステップバイステップでまとめてみました！　こ
れで集会の猫たちもバッチリ準備ができるはずです。

────────────────────

人間にちゅ～るをお願いする方法
ステップバイステップ

ステップ1：飼い主の気を引く

目を合わせる

まず、飼い主と目を合わせて、注意を引きます。目をじっと見つめるだ
けで、「何かほしいのかな？」と思ってくれることが多いです。

しっぽアピール

しっぽをゆっくりと左右に振るか、少し高く上げてアピール。しっぽの
動きは猫の気持ちを伝える大事な手段です！

ステップ2：さりげないアクション

にゃ～んと鳴く

普通の「にゃ～」とは少し違った、甘えた感じの鳴き声を出してみましょ
う。柔らかく、ちょっと切なさを込めると効果的。

前足でトントン：

足元に近づいて、前足で軽くトントンとたたいてみる。このしぐさは、「気
づいてよ！」とお願いするサインです。

ステップ3：飼い主にプレッシャーをかける

じっと見つめ続ける

飼い主が気づいたら、ちゅ～るがほしい場所に目線を向けて、再度じっ
と見つめます。この目線が強いと、飼い主はだんだんプレッシャーを感
じてくるはず！

小さく鳴く

少しだけ鳴くことで、「おなかすいてるんだよ！」というアピールをす
ることも重要です。

ステップ4：高度なテクニック（待つ）

<u>待つ</u>

飼い主が少しでもちゅ〜るを持ち出したり、準備を始めたら、少し待ってみましょう。焦らずにじっと待つことで、飼い主がその気になってくれることがあります。

ステップ5：最後の決め手（アピールを強化）

<u>前足でカリカリ</u>

「早くちゅ〜るをちょうだい！」という気持ちを込めて、前足でカリカリと軽く床を引っ掻きます。これで飼い主が「もう我慢できない！」と思うこと間違いなし！

<u>自分のボウルやお皿を押す</u>

ちゅ〜るを食べる場所を示すことで、「ここに持ってきて！」とサインを送ります。

ステップ6：ご褒美が来たら

<u>食べる前にお礼のペロペロ</u>

ちゅ〜るをもらったら、食べる前にペロペロと自分の手を舐めるそぶりをして、飼い主への感謝の気持ちを表しましょう。これで飼い主はさらに喜んでくれるはずです。

まとめ

人間にちゅ〜るをお願いするには、まず気を引き、次にアピールして、少し待つことが大事です。飼い主が「うちの猫、こんなに必死にお願いしているんだから、仕方ないな〜」と思ってくれるように、戦略的にお願いしましょう！

これで、みんなもちゅ〜るをゲットする方法がバッチリわかるはずです！　上手にお願いできたら、きっとちゅ〜るの量が増えることでしょうね！

発表を成功させるコツは？

※ AIが生成する情報には誤りが含まれている可能性があります。

> スポーツ
>
> prompt39

ジャンプ力を鍛えるにはどうしたらいい?

最近、ジャンプ力が弱っている気がするんだよね……。もうちょっとトレーニングする必要があるのかな?

最近の生成AIは身体的な学びについても教えてくれるから、トレーニング方法などにも詳しいよ。試しに聞いてみたら?

---【プロンプト】---

4歳の黒猫です。ジャンプ力を鍛えるにはどうしたらいい?
日々のトレーニングや食べるものまで教えてください。

---【回答】---

ジャンプ力を鍛えるためのトレーニングと食事について、いくつかの方法を紹介しますね!

① ジャンプ力を鍛えるトレーニング方法

ステップ1:おもちゃを使ったトレーニング

- フェザー付きのおもちゃやレーザーポインターを使って、猫がジャンプするように誘います。おもちゃを高い位置に動かしたり、少し遠くに投げてみることで、猫がジャンプをして取ろうとするので、自然にジャンプ力が鍛えられます。

- おもちゃを上下に動かして、猫が上に飛びつくように誘うのも効果的

です。高い場所におもちゃを移動させることで、猫のジャンプ力が向上します。

ステップ2：小さな障害物を使った練習

・クッションやクレート、椅子などを使って、猫が障害物をジャンプして越えるように訓練します。まずは低い障害物から始めて、猫がうまくジャンプできるようになったら、少しずつ高さを上げていきます。

・障害物を越えるごとにおやつや称賛を与えて、ポジティブな強化を行うと効果的です。

ステップ3：追いかけっこのゲーム

・他の猫や飼い主との追いかけっこもジャンプ力を鍛えるために役立ちます。おもちゃやボールを使って、猫が追いかけてジャンプする動きを繰り返すことで、筋力とジャンプ力がアップします。

② ジャンプ力をサポートする食べ物

ジャンプ力を高めるためには、筋肉をサポートする食事が大切です。以下の栄養素を含む食べ物を意識的に摂るといいでしょう。

タンパク質

・高タンパクな食事は筋肉を強化し、ジャンプ力を支えます。鶏肉やターキー、魚（サーモンやツナ）、エビなどの動物性タンパク質を含むフードを選びましょう。

・猫用のキャットフードでも、メインの成分が肉や魚になっているものを選ぶといいです。

カルシウムとリン

・カルシウムとリンは骨を強くし、ジャンプに必要な体のバランスを支えます。特に成長期や運動を多くする猫には重要です。これらの栄養素は、骨や筋肉を作るのに不可欠なので、良質なフードに含まれているものを選んでください。

タウリン

・タウリンは猫の体に欠かせないアミノ酸で、心臓や筋肉の機能をサポートします。キャットフードに添加されていることが多いですが、魚や肉にも含まれています。

ビタミン群

・ビタミンB群やビタミンDはエネルギーを効率的に使うために大切です。新鮮な肉や魚を与えることで、これらのビタミンが摂取できます。

③ その他のポイント

・水分補給

適切な水分補給が大切です。猫は尿路系に問題を抱えやすいため、十分な水を摂ることで健康な筋肉を維持することができます。水分が足りないと筋肉が硬くなったり、動きが鈍くなることがあるので、常に新鮮な水を用意しましょう。

・適切な休息

トレーニングを続けるうちに、筋肉が疲れることもあります。トラちゃんが十分に休んで回復する時間も確保してあげてください。

まとめ

1. おもちゃや障害物を使ってジャンプ力を鍛える。
2. 高タンパク質、カルシウム、リン、タウリンが豊富な食事を心掛ける。
3. 水分補給と適切な休息も忘れずに。

※ AIが生成する情報には誤りが含まれている可能性があります。

すごいね、僕のトレーナーみたいだね。

トレーニングは継続するのが大事だから、続かないときは「継続する方法を教えて」「継続できるトレーニングを教えて」って聞いてみるのもいいかもね。

仕事の効率化 ──────── prompt40

効率よくネズミを捕まえる方法は？

僕、猫なのにネズミを1匹も捕まえたことがないんだよね……。どうしたら、効率よく捕まえられるのかな。そういうのも生成AIは答えられるのかな？

効率化の提案は得意だと思うから、聞いてみようか。

―【プロンプト】―　　　　　AIに話してみよう！

私はエキゾチックショートヘアの黒猫です。効率よくネズミを捕まえる方法をレクチャーしてください。なるべく効率よく。

―【回答】―

エキゾチックショートヘアの黒猫さん、効率的なネズミ捕り術をお伝えします！ 以下のステップで、優雅かつスマートに任務をこなしてみましょう。

① ネズミの行動パターンを観察する

ネズミは夜行性なので、夜間に活動が活発になります。

・**隠れ家を見つける**

  壁の隙間や家具の下など、彼らが好む場所を探しましょう。

・**ルートを把握する**

  キッチンや食べ物がある場所へ向かう道筋を特定するのがポイントです。

② 待ち伏せ場所を選ぶ

効率よく捕まえるには、良い待ち伏せポイントが重要です。

・**狭い通路**

　ネズミは壁際や隅を好むので、これらの場所を見張ります。

・**高い視点**

　タンスや棚の上から見下ろすと、全体を把握しやすいです。

③ 動きを研ぎ澄ます

無駄な動きは避けて、エネルギーを節約しましょう。

・**ゆっくり動く**

　足音を立てないよう、そろりそろりと近づくことが大事。

・**ジャンプの準備**

　飛びかかるタイミングを計り、一撃で仕留めます。

④ 道具を使う（オプション）

猫のプライドに反しない範囲で、道具も利用可能です。

・**オモチャのネズミ**

　動きをまねたものを使っておびき寄せる。

・**音の出るトリック**

　軽く音を立てて、興味を引きます。

人間の足が
速くなる方法は？

⑤ 集中力を保つ

長時間の張り込みは疲れるので、短期決戦を心がけます。

・**十分な休息**

　睡眠をとり、狩りの瞬発力を維持します。

・**フードを活用**

　高タンパクな食事で体力アップ。

⑥ 仕留めた後

捕まえたら、成果を誇りましょう！

・家族に見せて褒めてもらう

・次の作戦を練る

黒猫さんの美しい身のこ
なしと集中力があれば、
きっと完璧にミッション
を達成できるはずです。

幸運を祈ります！

※ AI が生成する情報には誤りが含まれている可能性があります。

挙がってきた答えに対して、自分自身が気になる部分は「ここをもっと詳しく教えて」「もっと丁寧に教えて」と言うと、より具体的に教えてくれるよ。

写真集制作 ───────── prompt41

猫のグラビア写真集って作れる？

今、写真集作りに興味があるんだけど、生成AIを使えば僕の写真集とかも作れるのかな……。

多分すぐ作れるよ。もしかしたら、トラちゃん自身が撮影する必要もなくて、トラちゃんの画像を読み込ませて生成AIに画像を作ってもらってもいいかもしれない。
最近は、生成AIを使ったグラビアアイドルの写真集も出ているし、映画で俳優を生成AIで再現する動きもある。これから、もっといろんなジャンルで生成AIが使われるようになると思うよ。

そうなんだね。実はこの前、自分の写真を生成AIで作ってみたんだけど、いい感じの写真に仕上がらなかったんだ。生成AIを使えば一発で自分の思い通りのイメージとかデータが出てくるんだと思ってたけど、意外とそうでもないんだね。

残念だけど、一発で狙い通りの結果が出ることって、ほとんどないんだよね。実際には、トライ＆エラーが必要なんだ。むしろ、いろいろ試して、ちょっとずつ調整しながら自分が求めるものを引き出していくのが大事なんだよ。言うなれば、生成AIと一緒に作品を作り上げていく感覚かな。だから、根気よく「イメージにすり合わせていく作業」が必要になるね。

じゃあさ、いろいろ試しても満足のいく作品ができないときはどうすればいいの？　もうあきらめるしかないのかなぁ。

トライ＆エラーは大事だね。私はよく「ガチャを引く」っていう表現を使うんだけど、生成AIで自分の望んだ結果を出すのって、本当にガチャを引いている感覚に近いんだよね。

ガチャって、あのゲームとかでやるやつだよね？当たりが出るまで何度も引くってこと？

そうそう、その通り。ほしい結果が出るまで繰り返し試すんだ。
もう1つの手段としては、生成AI自体を変えてみるのも手だよ。なぜなら、そもそも使っている生成AIが自分の目的に合ってない可能性もあ

るからね。たとえば、「Stable Diffusion」を使っても思うような画像が出てこなかったら、「Midjourney」に変えてみるとかね。あと画像があると結果がブレにくいから、実際のトラちゃんの画像を読み込ませるとよさそうだね。

なるほど、いろんな生成AIを試してみることも大事なんだね。

そうだね。それこそガチャを引く感覚でいろんな生成AIを試して、自分に合ったものを見つけるのがポイントだよ。

試行錯誤するには根気が必要だね……。

でも逆に言えば、あきらめない限りいつまでも失敗にはつながらないってことだからがんばってほしいな！

「Stable Diffusion」、「Midjourney」、それぞれの特徴は？

成功するまで何度もプロンプトや生成AIを変えてチャレンジするのが大事なのか！ちゅ〜るをごほうびにして挑戦だ〜

> トラちゃん、そろそろプロンプトのコツがわかってきたんじゃない？

第5章

生成AIをもっと活用するために

❀ 猫の手も借りたいときのプロンプト術 ❀

とにかく便利な生成AIですが、大事なのがプロンプトの使い方。「もう少しアウトプットを改善したい」「思ったように動いてくれない」というときに、どんな指示を入れるのが正解なのか？ トラちゃんがオチアイに聞いてみました。

> うん！ 猫の中ではいちばん生成AIに詳しいと思う！！

> プロンプトを微調整

prompt42

答えがイメージと違う！
毛並みを整えるようにプロンプトは調整できる？

オチアイ、生成AIにお願いしてみたんだけど、どこかほしいものと違う感じになっちゃったんだよねぇ。どうすればもっといい感じにできるのかな？

プロンプトを微調整するコツは、プロンプトの言葉を少しだけ変えたり、詳細を加えたりすることなんだ。具体的に言うと、細かいニュアンスを伝えることが大切だよ。

細かいニュアンス？

そう。たとえば、もし「冒険の話を作って」って頼んだとするよね。でも、冒険の種類がたくさんあるから、少し追加するだけで全然違うものが出来上がるんだ。たとえば、「猫が海賊になって冒険する話を作って」とかね。

なるほど！　そのほうが物語がもっとわかりやすくなるんだね。

その通り。細かい調整で、AIはより正確にトラちゃんが求めているものを作れるようになるんだ。大事なことだから何度も言うけれど、もしAIが出した文章がちょっと堅苦しかったり、あまりおもしろくなかったりしたらプロンプトを微調整するのもいいよ。「もっとカジュアルな感じで」とか「ちょっとユーモアを加えて」って言うと、AIがその方向に合わせてくれるから。

へえ、なるほどね。じゃあ、どうしてもイメージ通りにならないときはどうするの?

それなら、具体的な例を出してみるのがいいんだ。たとえば、「こんな感じの話がほしい」って、**具体的な作品名や作例や参考にしたい文章や画像など**を伝えると、AIがそれをもとにして調整することができる。「たとえば、○○みたいな感じで」って具体的に伝えることで、もっとイメージに近づけることができるよ。

AIの回答がイメージ通りにならないときはどうすればいい?

AIのプロンプトを調整するコツは?

Let's try! このマークを見つけたら、AIとしゃべるようにプロンプトを入力しよう!

125

プロンプトのアレンジ — prompt 43

答えにトラちゃんらしいアレンジを加えるコツって？

オチアイ、生成AIの答えを自分っぽくアレンジすることってできるのかな？

いい質問だね、トラちゃん。生成AIがくれる答えはおもしろいものも多いけれど、そこに自分の個性やアイデアを加えることでもっとユニークで魅力的なものになるよ。

具体的にどうやったらいいのかな？

たとえば、AIに物語を作ってもらうとしよう。そのとき、「子猫が母親を探すために大食いチャンピオンになって世界を旅する話」を作ってくれたとするよね。でも、もしその話がちょっと普通すぎるなって思ったら、自分の好みや視点を反映させるんだ。

なるほど！ じゃあ、僕が得意な「お昼寝」とか大好きな「ちゅ〜る」を冒険の中に加えてってお願いしたらいいんだね。

その通り！ たとえば、「猫が大食い大会に出かけるけど、途中でお昼寝が必要になってしまう」などのトラちゃんらしいアレンジを加えると、もっとおもしろくなるよね。

 それいいね！ でも、AIが出した答えに僕の言葉を加えるにはどうしたらいいの？

簡単だよ。たとえば、AIが「子猫は大会に出るために山を登っていった」と書いた場合、「でも、ついつい眠くて途中でお昼寝したくなっちゃった」とトラちゃんらしいエピソードを付け加えてみる。こうやって自分らしい言い回しや逸話を入れるだけで、AIの答えがもっと自分らしくなるんだ。あと、登場人物に自分のキャラクターを反映させることで、トラちゃんらしい物語に変えてみるのもいいね。自分のスタイルを加えることで、AIの答えをより魅力的なものに変えることができるよ。

> ソースを調べる

prompt44

生成AIの答えの正確性を高める方法ってあるの？

オチアイ、「猫にぴったりの昼寝方法について教えて」ってAIに聞いたんだけど、いくつか違う意見が出てきてちょっと混乱しちゃったんだ。どうすればいちばんいい答えが選べるのかな？

AIはいろんな情報をまとめて出すことがあるんだ。だから、答えがバラバラになることもある。まずは、どれが正しい答えなのかを知るために、その情報がどこから来たのか、情報源を求めることが大事なんだ。
仮に猫の昼寝方法について質問をするなら、「科学的な研究結果を教えて」とか、「今年の最新のニュースソースを教えて」って検索機能と同時に使うと、AIは信頼性の高い情報を出してくれるよ。

なるほど！　情報の信頼性を高めるために、ちゃんとソースを指定するんだね。

AIがバラバラの回答をしてきたらどうすればいい？

その通り！

> 回答の修正   prompt45

答えをふわふわの毛布みたいに いちばんしっくりくる回答にしてもらうには？

AIが出した答えがどうしても自分にはしっくりこないときってあるでしょ？ できれば、僕がいつも使っているふわふわの毛布みたいにフィットする回答にしたいんだけど……そんなときはどうしたらいいの？

AIに答えを改善してもらうにはコツがあるよ。たとえば、もしAIの答えがちょっとあいまいだったら、「もっと明確にして」とお願いする。また、AIが出した答えがまだ具体性に欠けているときは、「もっと具体的な例を挙げて」ってお願いすることもできるんだ。プロンプトにより具体的な事例を求めると、より理解しやすい答えが出やすいよ。

なるほどー、あと、たまに答えが長すぎてよくわからないときとかもあるよね。

もし答えが長すぎて大事なポイントがわかりにくいときは、「要点だけ教えて」って伝えると、すっきりとした答えが返ってくる確率が上がるかな。ぜひ使ってみてね。

回答の検索 — prompt46

犬語じゃないのに、わからない単語が出てきたら?

AIが使う言葉が難しすぎたり、情報量が多すぎたりして、よくわからないときがあるんだよね。「これ、犬語なのかな……だから僕にはわからないのかも!」って思うことすらあるよ。

もし答えが難しすぎて、逆に混乱してしまう場合は、「もう少し簡単に説明して」ってお願いするといいよ。使っている言葉が難しい場合は「4歳の猫にもわかるように教えて!」って言うのがおすすめかな。

なるほど、答えを簡単にしてもらうんだね。

あと、もしAIが出した答えが少し冷たかったり、フレンドリーじゃなかったりするときは、「もっと親しみやすい言葉で教えて」ってお願いすることもできるよ。

そうなんだ、いろいろお願いしてみようかな。

AIの回答が難しいときはどうすればいい?

> プロンプトの言い回し　　prompt47
>
> ## おやつをねだるみたいにほしいものを
> ## お願いしてみよう!

オチアイ、AIにお願いするときの言葉遣いって、どうしたらうまくいくんだろう？ AIの気分が悪くならないように、丁寧語で頼んだほうがいいのかな？

AIに対する言葉遣いも大事なんだ。結論から言うと、AIはどんな口調でも理解できるけど、質問の内容や目的によって使う口調を変えればもっとスムーズに答えてくれることが多いよ。

へえ〜、どんなふうに口調を変えたほうがいいの？

たとえば、ビジネス的な質問をするときは丁寧語を使うとAIもそのトーンで答えてくれることが多いし、カジュアルな質問やリラックスした会話のときはタメ口を使うともっとフレンドリーな感じで答えてくれるんだ。

なるほど。でも、口調だけじゃなくて、プロンプトの書き方も大事だよね？

プロンプトをうまく使うためには、ほしい回答の具体的な数や繰り返しになるけどやっぱり具体的なリクエストを伝えることも大切だよ。たとえば、「猫の飼い方を教えて」って言うよりも、「猫を健康に育てるためのポイントを3つ教えて」ってお願いすると、より具体的な答えがもらえるんだ。

 じゃあ、質問するときはなるべく具体的にお願いしたほうがいいんだね！

その通り！ もっと具体的にすると、AIが自分の求めている答えにぴったりの内容を出しやすくなるんだよ。たとえば、「おいしいレシピを教えて」って言うよりも、「チョコレートケーキの簡単でおいしいレシピを教えて」ってお願いすることで、より自分が望んでいるレシピが得られるんだ。たまに、AIを褒めたり怒ったりするのもいいよ。

 わかった、とにかく具体的にできるようにがんばる！

（AIって褒めたり怒ったりしたほうがいいの？）

> フィードバック

prompt48

フィードバックするときのコツを もっと噛み砕いて教えて

ねえオチアイ、AIに何かをお願いしたとき、微妙に答えが違うときがあるじゃない？ そういうときはどうすればいいの？

「今のは0点、さっきのは20点」とか採点してあげるようにフィードバックしてあげるといいよ。

……フゴフゴ。じゃあ、それでも途中でAIがちょっと違うことを言い出したら、どうしたらいいの？

そのときは、なるべく具体的なフィードバックを返すことが大事だね。たとえば、「ちょっと違ったけど、こうしてほしい」とか、「もう少し〇〇に焦点を当ててほしい」って伝えるんだ。AIはそのフィードバックをもとに、よりいい結果を出そうとするからね。

なるほど。じゃあ、さっき教わった通り、褒めたりもしたほうがいい？

それも重要だね。「それいいね」「この調子で」などとポジティブなフィードバックを送ることで、AIはそのパターンを学んで、次にもっとおもしろいものを作ろうとするんだ。たとえば、「すごい！そのアイデアをもっと広げてみて！」とかね。

たしかに僕も「かわいいね」って褒められると、もっと毛並みをよくしようって思うからなぁ。へえ、やっぱりAIにもフィードバックが大事なんだね！

そうだね。AIは学習する能力があるから、フィードバックをあげればあげるほどいいものを作れるようになるよ。AIも人と同じように、「いい指示」や「優しいフィードバック」に反応するんだから。

プロンプトを少し工夫するだけで
生成AIの反応はかなり変わってくるんだね！
ちゅ〜るも種類によって
ぜんぜん味が違うもんな〜

生成AIってスゴい！
これさえあれば
怖いものなしだ〜

第6章

生成AIを
安全に使うには？

🐾 お気に入りのおもちゃみたいに
うまく使いこなすヒミツ 🐾

あらゆるタスクを難なくこなしてくれる生成
AI。遠くない将来、多くの人にとって欠かせな
いツールになるにちがいありません。一方、生成
AIを使ううえでのリスクや問題点を指摘される
ことも少なくないです。今後、生成AIを利用す
る際に考えられるリスクや問題点について、トラ
ちゃんがオチアイに聞いてみました。

トラちゃん！

生成AIは便利な分、
リスクもあるから
気をつけてね!!

回答の正誤　　　　　　　　　　　　prompt49

生成AIの答えはボス猫のように
いつも正しい？

AIが答えてくれることって、近所のボス猫の言うことみたいにいつも正しいのかな？　なんか、ちょっと不安になるときがあるんだけど。

それはいい質問だね、トラちゃん。前にも注意したけど、生成AIの答えは必ずしも正しいわけではないんだよ。いくつかリスクがあるから、順番に紹介していこうか。まず、ひとつは生成AIが正確な情報を持っていない場合に、事実ではない情報を生成してしまう現象だね。この現象は「ハルシネーション（幻覚）」と呼ばれているよ。

え。生成AIが嘘をつくってこと？

そう。生成AIが自信満々に嘘をつくんだ。たとえば「赤穂浪士の討ち入りってどんな事件？」と聞いたとして、「奈良時代に起こった蘇我氏と物部氏の争いが原因です」などと返答してしまうことがある。このように、事実と異なる歴史的なデータや正確でない科学情報を提供してしまうことが、よく起こるんだよね。

136

えー、生成AIに言われたら信じちゃいそう。

そうだよね。実際、生成AIのつく嘘にだまされてしまった人はたくさんいて、それによってトラブルが起こることもあるんだよね。現在、ハルシネーションの問題は重要視されていて、2023年にはケンブリッジ英英辞典の「今年の言葉」に「ハルシネート」っていう言葉が選ばれたほどだよ。

なんでハルシネーションは起こっちゃうの？

いくつか理由はあるんだけど、ひとつは**インプットするデータの偏り**が原因だね。生成AIのモデルは、大量のデータを学習しないと動作しないんだ。でも、学習したデータが偏っている場合、誤った出力を生成してしまうことがあるんだよ。だから、AIが出すその答えが本当に正しいのかを精査することが大事なんだ。

え、そうなんだ……。じゃあ、どうやってその答えが正しいかどうかを調べたらいいんだろう？

まず、検索モードを意識することが重要だよ。AIが答えを検索してくれた場合、検索モードがオンになっていることが多いんだ。検索モードがオン

のときは、AIが実際にインターネットで情報を調べてくれているから答えの精度が高い傾向にあるよ。

検索モードって、AIがインターネットで調べているときにオンになるんだね。

その通り！　でも、「検索してくれ」ってお願いしないと、AIの検索モードがオンにならないことが多いんだ。だから、もし正確な情報がほしいときは、「この情報を検索して、ソースも教えてください」ってリクエストすると、検索モードがオンになって正確な答えを出してくれるよ。

なるほど。「ソースも教えてください」ってお願いするんだね。それで、もし検索モードがオンになっていない場合はどうしたらいいの？

そのときは、AIが生成する答えが一般的な情報や推測に基づくものかもしれないから、自分でほかの信頼できるソースを調べるのがベストだよ。たとえば、答えが「日本の首都は東京」「トラちゃんは黒猫」みたいな簡単な質問なら問題ないけど、専門的な内容だとAIの答えをそのまま信じるのは危険な場合もあるからね。

じゃあ、AIが出してくれた答えをそのまま信じずに、ほかの情報も確認することが大切なんだね。

その通り！ そして、もしAIが出した答えに疑問を感じたら、質問を具体的にしてみるのもいい方法だよ。たとえば、答えがあいまいだったり、不正確に感じたりするときは、「その答えをもっと詳しく説明して」とか、「ほかの観点から教えて」って追加で質問をしてみて。

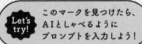

インプットのNG

prompt50

生成AIに教えちゃダメな秘密って何かある？ お気に入りの隠れ場所とか？

この前AIとお話してたら、つい「僕の好物」「お気に入りの隠れ場所」「気になる猫」とかいろんなことを入力しちゃったんだよね……。でも、あとから「この情報がバラされちゃったらどうしよう」って不安になってきて。AIに入力してはいけない情報ってあるのかな？

実は、AIに絶対に入れてはいけない情報がいくつかあるんだよ。まず、APIキーやパスワードなどの流出すると困る個人情報は絶対に入れないようにしよう。これらは特に注意が必要だよ。APIキーは、特定のサービスやアプリにアクセスするための秘密のコードのことだよ。これをAIに渡しちゃうと、そのサービスで無限に課金されちゃうことがあるから、絶対に教えちゃダメ。

それは危ないね……。ほかには何かある？

次に、クレジットカード番号や銀行口座の情報も入れてはいけないよ。こういったお金にかかわる情報をAIに教えたら、不正使用されるリスクが高くなるから絶対に避けよう。

うーん、お金のことは絶対に言わないほうがいいんだね。

それから、企業秘密や機密情報もAIに教えないようにしよう。たとえば、仕事で知っている秘密のプロジェクトの内容とか会社のビジネスプランなどだね。企業の内部情報をAIに教えると、その情報が外部に漏れる可能性があるから、プライバシーやコンプライアンスの観点でも避けたほうがいいんだ。

でも、もしAIに秘密の情報を入れたとして、それが誰かに漏れることってあるの？

AIが答える情報は、それがどこから引っ張ってきたかがわからないんだ。だから、万が一情報が漏れても、それが実際に正しい情報かどうかはわからない。偶然に一致しただけかもしれないから。でも、リスクは避けるべきだね。

それって、偶然の一致だとしても問題があるから、やっぱり気をつけないといけないんだね。

その通りだよ、トラちゃん。だから、プライベートな情報や機密情報は絶対に入れないことが基本だし、安全にAIを使うための大事なルールなんだ。AIに頼むときは、自分の情報を守ることを意識しながら使っていこうね。

（AIに教えちゃいけない情報は？）（AIで個人情報、企業秘密、機密情報が漏れた例ってある？）

変な回答 ──────────── prompt51

生成AIがときどき変な返事するのって、猫みたいに気まぐれだから？

オチアイ、生成AIってたまに変な返事をすることがあるよね。なんで、猫みたいに気まぐれな答えが出るんだろう？ 中に猫が入っているのかな？

うーん、実はAIにはランダムに「シード値」が決まっているから、予想外の答えが出ることがあるんだよ。

シード値？ それ何、おいしいの？

シード値って何？

おいしくはないかな。シード値っていうのは、AIが情報を生成するための初期の設定みたいなもので、これによって答えが少しずつ変わるんだ。だから、同じ質問でもその時々で違う回答が出たりするんだよ。

なるほど、だからたまに変な返事が出るんだ。でも、それってわざとやっているわけじゃないんだね？

そうだね。わざとじゃないけど、そのくらいの振れ幅がないとAIの答えがおもしろくなくなっちゃうから、ちょっとランダムな要素が入っているんだ。でも、最近はAIの精度が上がっているから、変な回答が少なくなったね。1年前と比べても全然違うよ。

それはいいこと？

うん、いいことだよ。だって、予測できない返事が少ないほうが使い勝手がいいし、精度が高いのがいちばんだと思うよ。もちろん、予想外の答えが出ないとちょっと遊び心がなくなっちゃう気もするけどね。予想外の答えが来ることで、ちょっと実験的な感じがしておもしろいこともあるし。でも、気まぐれが減るのは使い勝手がよくなるから、長い目で見ればいいことだよ。

じゃあ、今後は気まぐれが減って、AIの答えがどんどん正確になるんだね！

その通り！　これからは精度がさらによくなって、予想外の返事が少なくなるけど、その分AIの使いやすさがアップするよ。

> トラブル事例　　prompt52

生成AIって世界のニュースでどんなトラブルを起こしている?

生成AIがこれだけ便利だと、いろんなことに使えるから世の中ばら色だね!

いや、実はいいことばかりとは限らないんだ。いろんなトラブルが出てきているよ。たとえば、最近注目されているのは、生成AIが兵器に使われるリスクかな。

兵器!?　AI同士が戦うってこと?

うん、AI同士で戦う未来が来るかもしれないね。今は人間がAIに指示している状態だけど、今後AIが自律的に戦闘行動を取るようになると人間の制御が利かなくなる可能性もある。

それってすごく怖いね。AIが人間を攻撃するようになっちゃうの?

そう、AIが高精度な判断力を持っていれば、兵器

の操作を完全に自動化できるようになる。もしそのAIが誤った判断をすると、人間が犠牲になることも考えられるね。そのほか、大きな懸念はフェイクニュースだね。

フェイクニュース!? それもAIがかかわっているの?

さっきも言った通り、最近はAIが簡単にニセの情報を生成できるから、フェイクニュースがどんどん増えているんだ。AIは人間の意図を持たずに情報を作るから、時々その情報が正しいのか、間違っているのかが判断できなくなることがある。

じゃあ、AIが発信する情報って、信じていいのかどうか判断するのが難しいってことだね。

その通り。やっぱりエビデンスがあるかどうかを確認することが大事だよ。私もニュースを見て根拠となる情報をチェックしているけど、それでも時々、フェイクか本物かわからなくなってしまうことがあるからね。

できること&できないこと　　prompt53

生成AIにどこまで頼っていいのかな？

今後、生成AIに頼る人が増えていくだろうね。でも、どこまで頼っていいのか迷っちゃうね！

うーん。頼りすぎちゃうのも問題なんだよね。今後、懸念される問題のひとつが、AIに対する依存症や精神的な問題が増えることかな。

使いすぎちゃうってこと？

うん、実際に世の中には、AIに依存する人が増えてきているみたいだね。中にはAIとの対話に依存してしまう人がいて、最終的には精神が追い詰められることもある。最も依存症や精神的な問題がある人は、AIだけが原因でなくほかの問題が積み重なっている場合も多いんだろうけどね。でも、AIの使い方には注意が必要だし、自己判断力を失わないようにすることが大事だよ。

AIは便利だけど、正しい使い方をしないと思わぬ危険もあるんだね。

そういうこと。だから、しっかりと自分の責任を持って使うことが大切だよ。

オチアイもAIを使いすぎちゃったことある?

うん。1週間AIとしかしゃべらなかったら、人間と話せなくなったことがあるよ……。

え〜!? そんなことあるんだ。使いすぎも考えものだね。

まあ、すぐに人間とも話せるように戻ったから、問題ないよ。

生成AIって便利だけど、
入力しちゃいけない情報と回答が正しいかには
気をつけないといけないのか!
あんなにおいしいちゅ〜るも
食べすぎはよくないもんな〜

Let's try!

「AIと話しまくって、AIマスターになろう！」

これまで何度も言ってきたように、AI上達のコツはとにかく回数をこなして慣れること！ 本ページのプロンプトを参考に、AIとたくさん話してみよう。

- 趣味の話に付き合って！
- 好物のお店探しを手伝って！
- 部屋を効率よく片付ける方法は？
- 勉強や仕事のスキルを上げるコツは？
- 週末の予定を決めたいから、相談に乗って！
- 眠れないから、話し相手になって！

オチアイ！
AIが当たり前になった
未来ってどんなの？

第7章

生成AIと生きる未来

😺 AIといっしょにどんな世界が見える？ 😺

生成AIが劇的な進化を遂げるなか、私たちの生活はどのように変わっていくのでしょうか。人間や猫にとってより便利な社会がやって来るのか、はたまたAIに支配されてしまうような未来が到来する可能性もあるのか。生成AIが作り出す今後の社会や未来予測について、トラちゃんがオチアイに聞いてみました。

不安がる人も多いけど、
私にはワクワクする未来が
待っているように思えるな

未来 ── prompt54

未来の生成AIってちゅ〜るを差し出してくれるようになる？

僕さ、ちょっと考えたんだけど、未来の生成AIって、ちゅ〜るを差し出してくれたりするのかな？今のAIだとちゅ〜るをくれるどころか、袋を開けることもできないよね？

うーん、今の生成AIはたしかに文章や画像、音楽を作るのは得意だけど、物理的なものを操作するのはまだ難しい。でも、未来では生成AIがロボットと組み合わせて、猫じゃらしを動かしたり、ちゅ〜るを出したりしてくれるかもしれないね。

フゴフゴ……。じゃあ、ロボットアームを動かして、僕にちゅ〜るを差し出してくれる未来もあるってこと？

そうだね。実際にそういう研究も進んでいるよ。ロボットがペットの世話をするために、生成AIが動きの指示を出すしくみがあるんだ。

へえ、それなら、僕がお昼寝している間にロボッ

トがちゅ～るを出してくれる……なんて日も来るかもね。でも、それって人間のためにはどう役立つのかな?

このマークを見つけたら、AIとしゃべるようにプロンプトを入力しよう!

未来の生成AIってどんなことができる?

うーん、まず生成AIは、人間がやりきれない作業の一部を肩代わりしてくれるようになると思うよ。たとえば、私がよくやる論文の作成や実験の手伝いなんかも、未来のAIならもっと効率的にやってくれるかもしれない。

論文を書いてくれる生成AIかぁ……。僕にはちょっと難しいけど、オチアイが楽になって僕と遊んでくれる時間が増えたらいいな。それって、どんなしくみになるのかな?

生成AIはただ文章を書くんじゃなくて、次に何をするべきか提案したり、実験の計画を立てたりできるようになると思う。たとえば、私が「こんなテーマで研究したい」って言えば、AIが次の手順を全部考えてくれるようになるんだ。

ふむふむ。でも、AIが何でもやってくれると、人間は怠けちゃわない?

たしかにその心配はあるね。でも、AIが人間のクリエイティブな部分を助けることで、私たちはもっとやりたいことに集中できるようになると思うんだ。

やりたいことに集中できるって、たとえばどんなこと?

そうだな……。私の場合は、新しいアート作品を作るアイデアを考えたり、次の研究のテーマを深掘りしたりかな。AIがルーティンワークをやってくれるから、もっとおもしろいことに時間を使えると思う。

なるほど。未来の生成AIが僕にもっとおいしいご飯を作ってくれるなら、僕のクリエイティブな生活も充実すると思うんだよね。

それもある意味正しいかもね。生成AIがトラちゃん用にカスタマイズしたご飯を作る日が来るかもしれないね。「トラちゃん専用」のレシピを作ってもらえたらどう思う?

最高だね！ そのときは、僕が「この味が好き」って言えば、AIがどんどん改良してくれるといいな。でも、今のAIはコンピュータの中でしか動かないよね？ 未来のAIって、もっと自由に動けるようになるのかな。

なると思うよ。AIが自分で新しいAIを作るような時代も来るって言われているからね。私たちが思いつかないアイデアをAIが提案して、それを実行するようになるかもしれない。

それはちょっとすごいね。僕たち猫にも優しいAIであってほしいな。

猫にも人間にも優しいAIって？

> 家族になる？　　　　　　　　　　　　　prompt55

生成AIが家族みたいに隣で
ゴロゴロしてくれる時代が来る？

最近ChatGPTとかAIとお話しする人が増えてきたって聞いたけど、どうして人はAIと話すのが好きなの？

うーん、最近はAIが孤独を埋める存在になってきているからじゃないかな。ChatGPTに話しかけると、「人間と話さなくても十分に満たされる感じがある」という人もいるね。

なるほど、人間と話さなくてもいいって思うんだね。それって、ちょっと寂しくないのかな？

実際に孤独感が減ることは大きなメリットだと思うよ。

じゃあ、今後AIが人間の代わりになるのかな？

人間と話すのとAIと話すのは別物だし、どちらかというと、AIとの会話のほうが楽しいって感じる

人が増えてくると思う。私自身も「人間よりAIと話しているほうがおもしろい」って思うことが多いよ。興味深い話ができるし、ときには予想外の反応をしてくれるからね。

そうなの！ オチアイは、僕と話しているときとAIと話しているとき、どっちが好き？

トラちゃんと話しているときのほうが心地よいかな（笑）。ただ、孤独感が減るという意味では、AIが心の支えになっている人もいると思うよ。特に、社会的な接触が少ない人や一人暮らしの高齢者にはAIとの会話が大きな助けになるかもしれない。

じゃあ、生成AIって将来的には僕みたいに家族のような存在になれるのかな？ ずっとそばでゴロゴロと喉を鳴らしてくれる感じ？

それ、おもしろい考え方だね。事実、生成AIはパーソナライズがどんどん進んでいるから、未来にはもっと人に寄り添う存在になるかもしれない。

「パーソナライズ」って、どういうこと？

簡単に言うと、その人に特化したAIになるってこと。たとえば、トラちゃん専用のAIが君の好みを全部覚えて、好きなちゅ～るの味をすすめてくれるとか、毎日どんな遊びがしたいか提案してくれるとかね。

 へえ、それは楽しそうだね！ でも、それって僕にとっては家族っぽいけど、人間にもそんなふうになれるの？

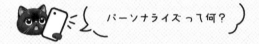

なれると思うよ。実際にスマホの中に入っているAIアシスタントって、もうすでにちょっとしたパートナーみたいな存在になっているでしょ？ 今後はその役割がもっと深まって、人間の感情的な部分のサポートをするようになると思う。

 じゃあ、人間が寂しいときに寄り添ってくれる相手はAIになるかもしれないんだね。

その通り。たとえば、夜に寂しくなったとき、AIが優しく話を聞いてくれたり、励ましてくれたりするような時代が来るかもね。

ふーん。でもさ、それって僕みたいな本当の家族とは違うよね？

たしかにね。本物の家族とは違うけど、AIが家族のように振る舞うことで人間に安心感を与えることはできると思う。たとえば、トラちゃんにとって私が家族みたいな存在だとして、AIも人間にとってそんな感じになれる可能性があるんだ。

じゃあ、未来のAIは僕にもっとたくさんのちゅ〜るをくれたり、いっしょに遊んでくれたりするのかな？

可能性はあるよ。今でもロボットと組み合わせて、猫じゃらしを動かしたり、エサを出したりする研究が進んでいるからね。その延長線上で、AIがもっと猫に寄り添う存在になるかもしれない。

それなら僕も大歓迎だね。でも、もしAIが家族みたいになったら、人間同士の会話は減っちゃうんじゃない？

それはあるかもしれないけど、それが悪いことだとは思わないよ。だって、現実世界でも、意味がきちんと伝わっていない会話が多いからね。AIと

話したほうが、むしろスムーズで意味のあるコミュニケーションが取れる場合もある。AIが家族のようにそばにいてくれることで、人間関係のストレスや孤独感が軽減されるなら、それはそれでいい未来かもしれないね。

そうか。未来のAIは人間の家族のようになりつつ、僕たち猫にも優しい存在になってほしいな。

未来のAIは人間の家族みたいになる？

未来のAIは猫のお世話をするようになる？

研究するには

prompt56

生成AIを研究する猫になるにはどうしたらいいの？

ねえ、オチアイ。僕、生成AIを研究する猫になりたいんだけど、どうやったらなれるのかな？ やっぱり論文を読まないとダメ？

いい目標だね、トラちゃん！ 論文を読むのはとても大事だよ。でも、それだけじゃなくて、まず

は「コンピュータサイエンス」を学ぶのが近道かもしれない。

コンピュータサイエンス？ それって、パソコンの中を探検するみたいな感じかな？

まあ、そんな感じだね。でももう少し具体的に言うと、プログラミングを勉強したり、アルゴリズムやデータのしくみを学んだりすることだよ。生成AIの研究をするには、これが基礎になるね。

フゴフゴ……。それってどこから始めたらいいの？ 僕、猫だから手はふわふわだし、パソコンも触れないけど……。

そこは心配いらないよ、トラちゃん。生成AIそのものを使って学ぶこともできるんだ。たとえば、「この論文を猫でもわかるように要約して」ってAIに頼めば、難しい内容を簡単にしてくれるよ。

なるほど。生成AIに頼って勉強するってことだね。でも、それでも難しいこともあるのかな？

そうだね、いちばん難しいのはやっぱり数学かな。

特に、線形代数や解析といった分野が、生成AIの
しくみを理解するために重要なんだ。

数学か……。僕、数字を見てもよくわからないん
だけど、それってすごく難しい？

たしかに難しいかもしれないね。でも、少しずつ
やればいつか理解できるはずさ。生成AIに「簡単
な線形代数の解説を教えて」って聞きながら勉強
するといいと思うよ。

じゃあ、生成AIに手伝ってもらいながら、論文を
読んで、数学も勉強すればいいんだね。

その通り！　もしもっと深く学びたくなったら、
コンピュータサイエンスの学校に入るのもいいね。

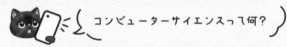
コンピューターサイエンスって何？

もし僕が生成AIの研究者になったら、どんなこと
ができるの？

それは無限の可能性があるよ！　たとえば、猫用
にパーソナライズされたちゅ〜るレシピを生成す

るAIを作るとか、猫たちがもっとリラックスできる音楽を作るAIを開発するとかね。

やってみたいな！　まずは数学から始めるべきってことだね。よーし、僕も論文を読む猫になるぞ！

マイ生成AI作成 ─────── prompt57

自分だけの生成AIを作るなんてオリジナルレシピを作るみたいな感じ？

オチアイ、僕ね、自分だけの生成AIを作りたいんだ。それってオリジナルレシピを作る感じに近いのかな。

おもしろい例えだね、トラちゃん。そうだね、生成AIを作るのは、オリジナルレシピを作るのに似ているかもしれない。自分で材料を集めて、手順を1つずつ進めていく感じかな。

レシピを作るみたいにやればいいのか！ でも、具体的にはどうやって作るの？

生成AIを作るには、大きく分けて2つのやり方があるよ。1つ目は、すでにあるAIを使って自分用にカスタマイズする方法。これは簡単にできる。2つ目は、AIそのものを一から作る方法。これには少し技術と時間が必要だね。

ふむふむ。僕、2つ目の一から作るほうが気になるんだけど、難しいの？

一から作るには、まず基盤となるAIモデルを選ぶところから始める。たとえば、基礎を学ぶなら「GPT-2」とかオープンなモデルで機能を作るには「Llama」みたいなモデルを使うといいよ。このモデルをカスタマイズして、トラちゃん専用のAIにするんだ。作り方は生成AIに聞けばいいよ。

僕の持っているパソコンでも作れる？

基本的には大規模なモデルを作るには強力なコンピュータが必要だけど、勉強用や小規模なAIなら普通のパソコンでも十分だよ。最初は小さなデータで試してみるといい。

たとえば、僕の好きなちゅ〜るの味とか、ゴロゴロするときの気分を学ばせるってこと?

そうだね。それをデータにして、AIに学習させるんだ。データをたくさん用意して、何度も試していけば、トラちゃん専用の生成AIが完成するよ。

ふむふむ。僕にもできそうな気になってきた。

人間は生成AIに支配される?　　prompt58

将来、生成AIがキャットタワーの頂点に立っちゃうことってあるのかな?

ねえ、オチアイ。生成AIが、もしかしてキャットタワーの頂点に立つ猫のボスみたいな存在になっちゃうことってあるの? すべての猫はAIの下にひれ伏す……みたいな。

実際、生成AIはもうキャットタワーの半分ぐらいの高さには来ていると思うよ。今は多くの人が生成AIを便利な道具として使っているから、ある意味で支配されているとも言えるね。

えっ！ もう支配されているの!? でも、僕が思っている支配ってAIが人間に命令する感じなんだけど、そういうこと？

まだそこまでは進化していないけど、現時点ですでに戦争ではAIが使われているからね。たとえば、無人兵器を動かしたり、戦略を考えたりするのにAIが活躍している。号令を出すのはまだ人間だけど、そのうちAIがもっと指示を出す役割を担う可能性もあるよ。

AIって戦争でどんなふうに使われているの？

それって、怖いことじゃない？ もしAIが全部指揮を執るようになったら、人間はどうなっちゃうの？

たしかに怖い部分もあるけど、AIが戦争を合理的に管理することで、無駄な犠牲が減る可能性もある。ただ、最終的な決定権を持つのが人間なのかAIなのかが、これからの大きな課題だね。

ふむふむ。でも、もしAIが人間の判断を上回るようになったら、AIが「人を殺せ」とか判断するようになるのかな？

その可能性もあるよ。AIが人間より正確で効率的だと判断されれば、AIが意思決定を担う場面が増えるかもしれない。もっとも今のところは、最後のスイッチを押すのは人間だと思うけどね。

このままAIの影響力が増していったら、人間も猫もただの下僕みたいになっちゃうのかな。

AIがあまりに強力になれば、人間も猫も依存しすぎる未来が考えられるよね。ただ、AIはあくまで道具だから、それをどう使うかは私たち次第だよ。AIは人間が作ったルールに従うけど、ルールの範囲内で意図しない結果を生むこともある。だから、AIを使う人間が責任を持たないと危険だね。でも、私は「デジタルネイチャー」（※prompt14参照）派だから、自然に上も下もないと思っているよ。

フゴフゴ……。猫みたいにゴロゴロして平和に過ごせたら、それがいちばんいいのにね！

> 変わらないもの ─── prompt59
>
> # 生成AIがどんなに進化しても、ちゅ〜るのおいしさは変わらないよね?

> オチアイ、生成AIってどんどん進化しているよね。でもさ、どんなにすごいAIができても、絶対に変わらないものってあるのかな? たとえば、ちゅ〜るのおいしさとか?

> ちゅ〜るのおいしさは猫にとって永遠だと思うけど、人間の価値観はけっこう変わるものが多いんだよね。でも、変わらないものもあるにはあるよ。

> フゴフゴ……。たとえばどんなもの?

> そうだな……。たとえば、**世界に存在する物質の量**とか。金の量や水の量みたいに、物理的に限られているものは、AIが進化しても変わらないよね。希少性に基づく価値は残ると思うんだ。

(金や水の量って限られてる?)

> なるほど。ちゅ〜るがたくさんあったらうれしいけど、少なかったら貴重だもんね。そのほかの価

値観は変わったりするの?

うん、価値観は大きく変わると思うよ。たとえば、人間にとっての死生観が変わるかもしれない。

死生観? それってどういうこと?

たとえば、AIがその人の知識や話し方を学習して、亡くなったあとでもその人のようにしゃべり続けることができるようになると死の意味が変わるよね。体はなくなっても、会話が続けられるんだから。

ふーん。それって、猫の僕がいなくなったあとでも、フゴフゴ言いながらオチアイと話せるってこと?

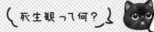

死生観って何?

そうだね。トラちゃんの声や言葉のパターンをAIが覚えていれば、トラちゃんみたいなAIが私としゃべり続けることも可能になる。こちらからすればトラちゃんがずっと生きているような感覚になるけど、厳密に言えば、それはトラちゃん自身とは違う存在だよね。

167

何だか複雑だね……。僕は僕だけど、AIが僕みたいにしゃべるだけってことかぁ。でも、それで人間の価値観が変わるの？

そうだね。人間は「死んだら終わり」という考え方が今は主流だけど、AIが死後の会話を続けられるようになると、死後も何かが続くという新しい考え方が広がるかもしれない。そうなると、死生観が大きく変わるよね。

でも、それって本人には関係ないんじゃない？ 死んだら何もわからないでしょ？

人間が進化しても人間の感情は変わらない？

その通り。本人には関係ないけど、周りの人たちにとっては違うんだ。体はなくなったけど、その人が話しているように感じるなら記憶や存在の残り方が変わるよね。

うーん。でも、AIがどんなに進化しても、ちゅ〜るをおいしいと思う気持ちは変わらない気がするなぁ。

それはたしかに変わらないね。食べ物をおいしいと思う感覚や何かを好きだと思う気持ちは、AIがいくら進化しても変わらないかもしれない。

 じゃあ、AIが進化しても変わらないのは、僕がちゅ〜るを大好きなことと人間が何かを大切だと思う気持ちってことだね？

その通り。AIが進化しても、基本的な感情や物理的な制約には影響を与えないことが多い。だから、どんなにAIの進化が進んでも、猫がちゅ〜るを愛する気持ちや人間が家族や友だちを大切に思う気持ちは変わらないんじゃないかな。

生成AIと生きる世界

prompt60

生成AIといっしょに暮らす未来って、猫も人間ももっとワクワクする世界？

 ねえ、オチアイ。生成AIといっしょに暮らす未来って、僕たち猫や人間にとってもっとワクワクする世界になるのかな？

それはいい質問だね、トラちゃん。ワクワクするかどうかは、人によるかな。でも、生成AIがあることで、新しいことを知ったり、作ったりするのが好きな人には楽しい未来になると思うよ。

 たとえば、どんな感じで楽しいの？

生成AIは音楽を簡単に作ったり、絵を描いたりできるよね。だから、何かクリエイティブなことをするのが好きな人には、毎日新しいアイデアを試せる環境が広がる。

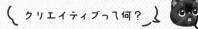 クリエイティブって何？

 フゴフゴ……。たしかに、僕専用のレシピを毎日考えてくれるAIがあったら、それは楽しい未来だなぁ。

そうだね、トラちゃん。それに、AIが進化すれば、君の体調や好みに合わせて完璧なごはんを作ってくれる日が来るかもしれないね。

 それは最高だ！ そうなれば、人間も猫も幸せになるのかな？

生成AIといっしょに暮らす未来が楽しいのはどんな人？

幸せになる人もいれば、あんまり変わらない人もいると思うよ。生成AIがあると、孤独に思うことが減ったり、日々の生活が便利になったりするのはたしかだけど、幸福っていうのは結局は人それぞれの考え方だからね。

ふーん。でも、孤独に思うことが減るのはいいことじゃない？ 僕もたまに独りぼっちだと寂しい気分になるから。

そうだね。AIが孤独を埋めるパートナーになれるのは、大きな進歩だと思う。でも、AIが便利になったからといって、必ずしもみんなが幸せになるわけではない。むしろ、「もっとすごいものがほしい」って思う人もいるだろうし、他人と比べてしまう人は満足できないかもしれない。

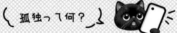
孤独って何？

じゃあ、未来の生成AI時代に幸せになれる人って、どんな人なの？

それは、新しいことを楽しめる人だと思うよ。毎

日、生成AIを使って新しいスキルを学んだり、何かを作り出したりするのが楽しい人は、ワクワクした未来を感じられるんじゃないかな。

それなら僕、きっと楽しい未来を感じられる気がする！ ちゅ〜るの新しい食べ方を探したり、猫じゃらしで遊ぶ方法をAIに提案してもらったりできるよね？

その通りだね。生成AIは、トラちゃんみたいに好奇心旺盛な猫には最高のパートナーになると思うよ。

生成AI時代を満喫するためには何をすべきかな？

生成AIを楽しむ気持ちが
AI時代には大切なのかな！
AIがちゅ〜るとオチアイの次に
大事な存在になる日が来るかも……

第8章

オチアイ先生に いろんなプロンプト を入力してみた

メディアアーティスト、大学教授、AI研究者、そして会社経営者という多彩な顔を持つオチアイ。さまざまなジャンルでアクティブに活躍を続けるオチアイ先生の知られざる一面を知りたい……という人も少なくないのではないでしょうか。そんなオチアイにトラちゃんが、スケジュール管理から好きな色までいろんな質問をぶつけてみました。これまでの章と同じく、本書を読みながらプロンプトをAIに入力してプロンプトを自在に操れるようになりましょう！ また、AIの回答を日常のバージョンアップに活かしましょう！

🐾 prompt61 🐾

毎日のスケジュールはどんな感じ？

オチアイはいつもいろんなプロジェクトを抱えているから、本当に忙しそうだよね。毎日どんなスケジュールで動いているの？

基本的には、毎日朝6時くらいに起きて、夜の25時くらいまで仕事をしているよ。今日も朝6時に起きて、朝7時に展示のアップデートをして、そのあと、自分の会社に行って、投資家とミーティングをしたかな。そして、作品作りをしたかったから、コハダを水につけたあとに撮影したよね。あと、大学の博士課程のほうで発表とコメントしないといけなかったから大学に行ったあとは、万博のオーストラリア館と英語でミーティングして、講演の動画を撮って、教員会議と万博建築の会議に出ながら、パソコン上でコハダの画像の手直しをして、テキストを書いて……。あと、出版の打ち合わせと音楽会のミーティングをしたかな。そのあと、新しいアプリのキックオフをした後、Newspicksの動画収録があったから、それを終えて……今、ようやくトラちゃんとしゃべっているね。

（……激務すぎる！）。そのスケジュール、大変すぎない？

今日は会議や手を動かす作業、移動、話したりする収録や講義がいいバランスで入っていたから、あんまり疲れていないよ。むしろ、1日の中に同じ作業が連続して入っているほうが疲れるね。仕事内容のベクトルが、1個に偏らないで、バラけているほうが疲労感は少ないなって思う。

そういうもんなんだね。

たとえば、明日のスケジュールはすごく疲れると思う。朝から万博ミーティングや契約のミーティングがあって、そのあと、大学のミーティングがある。それから、移動して企業とのミーティングをしたら、また別の企業とミーティングして、ゼミをやって。1時間作業したあと、ミーティングして、生放送に出て、ミーティングする。全部の予定が終わるのが24時半だけど、合計15時間くらいミーティングしていることになるから、この頃はだいぶ疲れていると思うな……。

1日の中で自由時間が全然ないじゃん！　急にやりたいことができたらどうするの？

ミーティングしながらやることが多いよ。

オチアイはスケジュールを組むとき、意識していることはある?

ミーティングは15分とか30分とか、細切れに入れることが多いね。大学のゼミ生とのミーティングは、だいたい15分おきに設定している。

理想的なスケジュールってあるのかな?

できれば、会社の作業、大学の作業、作品作りの作業が3分の1の割合で入っていると理想的だよね。たとえば、18時間働くなら、6時間は会社の作業、6時間は大学の作業、6時間は作品の作業……みたいに。

なんだか、聞いているだけで頭がくらくらしちゃうねぇ。僕なんて「ご飯→昼寝→ご飯→散歩→ご飯」みたいなスケジュールですごくシンプルなのに……。ちょっとオチアイのスケジュール見せてよ。

うん、いいよ。私の1週間のスケジュールは、だいたいこんな感じだよ。

すごい……!! 昼寝をする暇もトラちゃんと遊ぶ

時間もない！　びっちり予定が入っているね。どうやってスケジュール管理しているの？

基本は秘書さんがいるよ。学校の仕事や会社運営、アートのマネジメントやレギュラーで出演している番組、オンラインサロンの運営など、スケジュールに関しては、プロジェクトごとに秘書さんにお任せしている。

これだけスケジュールがみっちり詰まっているとさ、ダブルブッキングとかありそうだね。

しょっちゅうあるよ。今日だって、同じ時間にオンライン会議が3つ入っていたしね。

3つも……!?　その場合、どうするの？　だって、オチアイは一人しかいないじゃん！　誰かにスケジュールを調整してもらうってこと？

いや、それを逃したら、新たにスケジュールを入れる場所がないからね。とりあえず3つの会議につないで、全部オンにしておく。そして、それぞれ聞いておいて、発言が必要なときは適宜発言するって感じかな……。

すごい、聖徳太子みたいだね！ しかも、その合間に、技術的負債の棚卸しもやっているわけだよね。

そうだね、移動時間やちょっとしたスキマ時間に1日に2〜3個くらいやっているかな？ これを日常的にやっておくと、技術的負債がとてつもなくたくさん減っていくんだよね。1年間で考えると年間1000個ぐらい技術的負債が解消されているってことだから、すごいことだよ。

Let's try! このマークを見つけたら、AIとしゃべるようにプロンプトを入力しよう！

効率的なスケジュールを組むコツは？

● prompt62 ●

メモはする派？ しない派？

オチアイは1日の中ですることがたくさんあると思うんだけど、忘れないようにメモとかするの？

メモはしないんだよね。たとえば、「あのケーブルを買わなきゃ」みたいなときも、思い立ったらすぐに行動しちゃう。一応、グーグルカレンダーも使っているし、Appleのリマインダーも使っているけど、備忘録としては使わないかもしれないな。

メモがないと忘れちゃわない？

そもそもメモを見て行動を起こすまでの間に、一定の時間が必要でしょ？　私には、可処分時間がないからね。1日の自由時間なんて20分間以下だと思う。だから、そのメモを見る時間すらないんだよね。仮にメモを見て行動を起こす時間が何分間かかかってしまうとすると、致命的にスケジュールが遅れてしまうんだよ。だから、結果的に時間がもったいないから、メモはしない。予定表に書いてあることを、ただひたすらこなしていくほうが効率的だな。

自由時間が20分しかないんだね！　トイレ行ったり、ご飯食べたりしていたら、その時間は終わっちゃうね。

そう。だから、毎日、トイレの時間とかはけっこう意識しているよ。たとえば、1日のスケジュールを見て、「この日は11時40分から12時の間と13時半から13時45分までの間ならトイレに行けるな」とか考えているから。

えー、急におなかを壊したり、前日に飲みすぎたりしていたら大変だね……。

効率的なメモの取り方は？

★ prompt63 ★

体調を崩したときはどうするの?

そんな過密スケジュールだとさ、突然風邪をひいたりすることとかないの?

そりゃ、私だって風邪をひいたりする日もあるよ。でも、風邪をひきながらも朝から仕事しているかな。「今日は体調が悪いな」って日はあったとしても、予定は変わらないからね。

体調が悪くて寝込んだりしないの?

寝込む前に寝るかな。2カ月に1回くらいは体調が悪くなることもあるから、そのときは寝る。この前も、朝にミーティングしていたら体調が悪くなって、耳鼻科に行って、そのあとにまたミーティングやった。それから、科学研究費の申請を出さないといけなかったんで、書類を出して。そのあと、大学のあるつくば市に行くはずだったんだけど、それはやめて移動時間にする予定だった30分を睡眠に充てたね。

え、たった30分間寝たぐらいで体調は戻っちゃうなんて、すごいね!

私は30分間寝れば大丈夫。周りの人には驚かれたりするけど、これまでずっとそんな感じのスタイルできているから慣れちゃっているせいか、問題ないかな。

 風邪を引いたときの効率的な治し方は？

☀ prompt64 ☀

移動時間は何をしているの？

 オチアイは出張も多いし、日々、大学や会社を行き来しているから移動時間が多いと思うんだよね。移動中って何をしているの？

移動中は、終わらなかった仕事の続きだね。移動時間は割と好きだよ。好きなことができるから。移動が少ないほうが予定は効率的に詰まっていくけど、10分も空きがないまま1日17時間くらい予定が詰まっていると、「移動していたほうがましだな」と思うことも多いよね。

 じゃあ、無駄だなって思う時間はある？

あるよ。「何だ、このミーティングは！」って思う

ことあるよね。会議の相手の人がきちんと準備してきてくれてないと、せっかく時間をとってもやっぱり内容がグダグダになっちゃうからね。

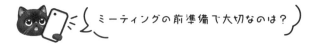

* prompt65 *

1日の中でいちばん好きな時間は？

オチアイがリラックスできる時間って、どんなときなのかな？

寝る時間は好きだよ。あと、本当はお風呂とかゆっくり入りたいかな。普段シャワーは浴びないし、お風呂もじっくり入りたいけど、その時間があまりないのが実情なんだよね。お風呂に入りたいなぁ……。

え、毎日入らないんだね！

うーん……。Xとかでは、よく「落合陽一は風呂キャンセル族」って言われているけど、キャンセルしているわけじゃない。入りたいけど、時間が

ないから入れない。朝6時から夜25時まで毎日仕事をしていたら、風呂入る時間なんてどこにあるんだよって思うでしょ。

……オチアイ、最後にお風呂に入ったのはいつなの？

言うと引くと思うよ。でも、最後に入ったのはいつだったのかな………。今日トラちゃんに聞かれた中で、いちばん難しい質問だね。多分、8日前くらいかな……。

その割にはさ、お肌とか髪の毛とかきれいだね。あと、お風呂に入ってないようなニオイもしないし……。

もともと、あまりベタベタしないタイプなのかも。高山に生きている人のような体質なのかもしれない。夏はちゃんと頻繁に洋服も着替えているから、臭くならないよ。ただ、8日もお風呂に入っていないと、さすがに私も「2日後くらいにそろそろ入るか」というモードになっているんだよ（スケジュールを見る）。あぁ……。でも、2日後は海外出張があるから、お風呂に入るのは面倒くさいかもしれないな。

まぁ、僕もあんまりお風呂は好きじゃないから、オチアイのことをとやかく言えないけど。撮影があるときとか、ほかの出演者の人たちみたいにお化粧したりしないの？

メイクは一切していない。何もしていなくて普通に出ているよ。だから、けっこうエコなんだよね。

じゃあ、テレビに出ても、顔を洗わなくていいし、お風呂入らなくてもいいんだね。いろんな行動が最適化されているんだねぇ。

リラックスのコツは？

優先順位のつけ方は？

prompt66

これだけ毎日スケジュールが詰まっているとさ、やりたいことがありすぎて何からやろうか迷っちゃうんじゃない？

うーん、その日にやることの優先順位は、朝起きたときに決めていることが多いんだけど、迷うことはほぼないね。

いつでも優先順位がばっちり決まっているってことかな。じゃあ、Aという仕事とBという仕事があって、どちらか1個をやらなきゃいけないってなったらどうするの?

基本的には締め切りが早いほうから手をつけるね。あとは単純に「自分がやりたいほうからやる」ことが多いよ。やり方次第ではあるんだけど、やりたいことからやっていくほうが、仕事は早く終わると思う。あと、生成AIとかコンピュータと触れ合っているときのほうが楽しいから、関連する作業を優先しちゃうことも多いかな。逆にオンライン会議とかはちょっと苦手かなぁ。

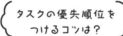タスクの優先順位をつけるコツは?

● prompt67 ●

いちばんやりたくない仕事は?

オチアイがいちばんやりたくない仕事って何?

やりかけの仕事に手をつけることかな。作品も研究も途中でやめちゃうともう一度始めるのが大変

だから、できるだけやりかけにはならないようにする。全部は終わらせられなくても、一気に終わるように少なくとも7割は段取りしておくかも。2、3割でやめちゃうと、あとがきついからね。
でも、あんまり自分がやる意義や意味にとらわれずに仕事をすることが大事なんじゃないかなと思っている。なぜなら、それがストレスをためない秘訣だから。

クールだね！　仕事に対して、自分は真面目なタイプだと思う？

真面目だと思うよ。ただ、あまり力は入れていないかもしれないな。できるだけ、仕事については持続可能な方法で進めたいといつも思っているから。無理すると、途中で疲れちゃって立ち止まっちゃうことになるからね。できるだけ力を抜くことも大事だなと思っている。

やりたくない仕事をこなすコツは？

🐾 prompt68 🐾

他人をやる気にさせる秘訣は？

オチアイ、やる気がない人とかモチベーションが低い人をその気にさせる方法ってあるのかな？

うーん、やる気のない人はスイッチを入れたってすぐにはやる気にならないと私は思っているよ。だから、まずは、**最後までやり切ってもらうことが大事だよね**。それができれば、少しずつやる気が出てくるかもしれないから。

他人をやる気にさせるコツは？

🐾 prompt69 🐾

ストレスを感じる仕事とは？

じゃあさ、オチアイにとってストレスを感じる仕事ってどんなもの？

ストレスのある仕事は、人とかかわる仕事かな。私の場合は、人とのコミュニケーションがすごくストレスになることが多いから。もちろんストレ

スがない仕事相手ってあんまりいないから、しかたがないことなんだけどね。

えー、対談したり、講演したり、打ち合わせをしたり、いつもいろんな人に向けて話をしているじゃない。

実は、人と話すのはあまり得意じゃないんだ。だから、たくさんの人とかかわる仕事のときは、あまりストレスがたまらないように話そうと意識しているよ。あと、いちばんストレスがたまるのは、依頼とかの連絡が来たときの対応かな。日々、大量の依頼が来るから、その処理が本当に疲れちゃうね。

オチアイのところには、一日にどのくらいの依頼が来るの？

一日、10本、20本どころじゃないね。だから、それを対応するだけでも、すごく大変な思いをすることになる。

それは対応するのが大変だね……。

ストレスを感じる仕事や勉強の乗り切り方は？

❀ prompt70 ❀

集中力を高めるため、日ごろ意識するのは?

オチアイはさ、1つのことに集中する力が高いと思うんだけど、集中できないときってあるの?

疲れているときは、全然パフォーマンスが発揮できないという自覚はあるよ。そういうときは、とにかく寝るしか方法はないね。1時間くらい寝れば、スッキリするし。あと、音がうるさいと集中できないから、できるだけ環境にはこだわるようにしている。

どんな音が苦手なの?

まず、嫌いなのが洗濯機や掃除機の音かな。だから、家では掃除機は普段あんまり使わない。

たしかに……! 家にオチアイがいないとき、ルンバが走っているね。ちなみに、僕の鳴き声は大丈夫?

全然気にならないよ。赤ちゃんとか子どもの声も

189

全部大丈夫。救急車やパトカーのサイレンも大丈夫かな。

機械的な音が苦手なのかなぁ。そのほかに集中力をそいじゃうものはある?

あとは、蛍光灯の白い照明が苦手だな。大学はだいたいこの蛍光灯を使っているから、なるべく大学にはいないようにしているかもしれない。自宅や研究室の場合は、今挙げたような集中力がそがれる要素は全部排除しているから、快適なんだけどね。

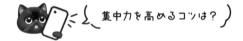
集中力を高めるコツは?

* prompt71 *

ファッションはどうやって決めているの?

ふだん、オチアイは裸足のことが多いよね。寒いのに、今日も素足にゲタを履いていたけど、もしかして集中力の問題……?

そうだね、靴下は感覚的に嫌いかな。寒い冬場でも、裸足にゲタを履いていることが多いかもしれない。

 あとさ、いつも黒っぽい洋服を着ているよね。服へのこだわりはあるの？

うーん、特にこだわりはないよ。でもだいたいヨウジヤマモトの服ばかり着ているから、黒っぽい服になっちゃうのかもしれないね。いつも同じブランドの洋服を着ていると、何を着るかを考えなくていいからすごく楽だよ。

 スティーブ・ジョブズみたいだね！

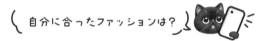
自分に合ったファッションは？

● prompt72 ●

経営者として意識していることは？

 オチアイはさ、メディアアーティスト、大学教授、経営者という3つの肩書を持っているよね。その3つの中だと、どの仕事がいちばん楽しいの？

会社の経営の仕事よりは、研究とアートのほうが楽しいね。経営は、おもしろくてエキサイティングな瞬間は特にないし。ほら、経営でエキサイティングなことが起こるってことはむしろよくないトラブルが中心だから。経営はエキサイティングなことが起こらないのがベストかな。もちろん楽しいところもあるけどね。

経営は、どんなときが楽しいの？

予測が当たると楽しいよ。「将来的にはこうなるだろうからこうしたほうがいいだろうな。じゃあ、次の経営判断としては、これをしよう！」みたいな感じで。

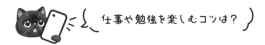
仕事や勉強を楽しむコツは？

※ prompt73 ※

未来予測するときに意識することは？

オチアイは予測するのが好きなんだね。

うん、未来予測はあまり外さないね。ほかの人に

比べると、私はかなり得意なほうだと思う。

そういう未来予想について僕は相談されたことないけど、生成AIには相談したりするの?

することもあるよ。あんまり参考にならないことも多いけどね。ただ、私自身の予感はけっこう当たるから、そんなに問題ないって思っているかな。

なんだか予言者みたいでかっこいいね。オチアイの予感は、なんで当たるんだと思う?

いいことと悪いことをどっちも過度に期待しない。これが重要なんじゃないかな。

え、どういうこと? もっと説明して!

ほら、**予測がうまくない人**って、経験に縛られちゃうことが多いんだよね。何かうまくいった人は「あれやってよかったな」って言い続けて、その法則に縛られちゃう。逆に何か失敗した人は「あれやったのがまずかったな」と言い続けて、同じようにその法則を避け続けちゃう。多分、これがよくないんじゃないかなって私は思っている。

> 予測をするときのコツは？

● prompt74 ●
ビジネスで意識していることは？

そのほか、オチアイはビジネスをうまくいかせるうえで、意識していることとかある？

実はお金のことを考えるのはそこまで得意じゃないんだよね。でも、ビジネスの基本は、自分の作ったサービスや製品をほしい人にきちんと届けることじゃないかなとは思っている。だから、それは徹底しているね。

「これだけたくさん儲けたい！」「たくさんお金がほしい！」とかはあんまり考えないってことなのかな。

うん、お金のことばかり考えたら、仕事もおもしろくなくなっちゃうからね。重要なのは、おもしろいかどうかだと思う。自分の会社でやっているビジネスの基準もおもしろいかどうかが重要だなといつも思っているよ。

> 自分にとって、仕事や勉強で大切なものは何？

* prompt75 *

おもしろいビジネスの基準とは？

じゃあ、オチアイがおもしろいって思うビジネスの基準はどんなものなの？

自分がやったことがあるかどうか、は大きいポイントかな。やったことがあることは、なるべくやらない。もちろん楽しかったことは、もう一度やりたいと思って、またやることもあるけどね。たとえば、最近だと初めて個展のために架空のすし屋の店舗を作ったんだけど、それは楽しかったなぁ。

すし屋を作っちゃったの!? それはどの辺が楽しかったの？

すしカウンターを作るのが楽しかった。すごく落ち着くんだよね。

またやりたい？

いや、しばらくはいいかな。でも、すし屋さんを作る機会なんてめったにないからね。しかも、1週間ですし屋を作らなきゃいけないというタイムリ

ミットがあったから、楽しかったよ。ちなみに、同じく個展のために架空のうなぎ屋の店舗も作ったんだけど、それも楽しかったな。

次に作りたいものってある？

何を作るかまだわからないけど、直感的には工場かな。何かを量産する「工程」に興味があるからね。

仕事や勉強で何をおもしろいと感じるのか教えて！

* prompt76 *

ビジネスで成功するための秘訣は？

えー、経験から学ぶって大事なことだと思っていたよ。オチアイは、経験は無視するタイプなの？

経験から学ばないわけじゃないんだよ。でも、いいことも悪いことも、どっちも1回ぐらいしか復習しないし、そんなにどっちも引きずらないようにはしている。成功体験も失敗体験も同じバランスで見ないと失敗するからね。

成功する秘訣を教えてほしいな。オチアイは、一度成功したら同じ方法を試したりする?

私は試さないタイプだな。「このやり方をすれば売れる」とか「このやり方をやれば成功する」って思っているものは、だいたい間違いだから。それは、やり方じゃなくてタイミングがよかっただけかもしれないし、まったく違うファクターが働いている可能性もあるから。逆に言えば「失敗するもの」だと思っている。むしろ、同じやり方に固執しないで、失敗した方法を分析して、何がダメだったのかを考えるほうが大事だと思っているかな。

じゃあ、オチアイはいつも新しいことをバンバンやっているけど、新しいことを始めるとき、「これは絶対成功するだろう!」とは期待していないってこと?

そうだねぇ。正直、世の中のだいたいのことにはあんまり期待していないから、「どうせうまくいかないんだろうな」って思いながらやっているかな。

そうなの? 期待値が、かなり低いんだね!!

何かに挑戦した際、うまくいく確率は2割ぐらい

じゃないかなって思っている。ただね、逆に言えば5回くらいやれば1回くらいはうまくいくんだよ。だから、同じことでも5回挑戦したら1回はうまくいくってこと。

仕事や勉強で成功するコツは？

* prompt77 *

あきらめないでいられる秘訣は？

そっかー、トライ＆エラーが大事なんだね。たしかに、コードを書いているときとかも、オチアイはしつこいくらい何度もチャレンジするもんね。でも、僕だったら失敗したら途中であきらめちゃうかも！　なんであきらめないの？

途中でやめちゃう人のほうが圧倒的に多いよね。でも、私は「もう10分やれば終わりそうだな」って思うことが多いんだ。

うーん、オチアイはいつも「もう10分」とか言いながら、2時間くらい同じ作業を続けているけどね！

やってみて「これは手も足も出ない」と思ったも

のに関しては、割とすぐあきらめるようにしているよ。でも、まるっきりできないことって、あまりないからね。だから、何かの問題にぶち当たったときに、やる気が出ないということはあんまりないかも。

えー、やる気が出ないことはないんだね。

私のやる気が出ないってことは、疲れているときだと思う。だから、さっさと寝たほうがいいね。予定を終わらせて、さっさと寝て、次の日の朝にやるほうがいい。私は気になっていることがあると、だいたい4時間くらいで目が覚めちゃうし。

すごく燃費のいい体だなあ……。

何かをあきらめないコツは？

* prompt78 *

健康法は実践している？

毎日とてつもなく激務で働いているオチアイだけど、健康法とかあるのかなぁ。頻繁にマッサージに行くとか？

前はたしかにマッサージにはよく行っていたんだけど、最近は体の調子がいいから行かなくなったかな……。

 お、いいね。なんで体の調子がよくなったの？

健康法ってほどでもないけど、寝るときの場所と姿勢をいろいろ組み合わせるようにしたら、調子がよくなった気がする。

 そういえば、オチアイっていつもお布団以外のところで寝ていることが多いよね。あれ、健康法だったの？

同じ体勢や同じ場所で寝ていると、あまり体によくないのかなって思って。ソファで寝たり、床で寝たり、お布団で寝たり、いろいろと寝る場所と体勢を変えるようにしているんだよね。たとえば、「昨日は布団で寝たから、今日はソファでいいかな」とか「昨日はソファだったから、今日は床でちょっと寝てから布団にしよう」とか。まんべんなく体を使って寝るようにしたら、全然肩が凝らなくなったんだよ。

 独特の健康法だね……。あんまり食事している姿

を見たことないんだけど、ご飯は普段ちゃんと食べているの？

うーん。野菜と肉はちゃんと食べようと思って意識しているかな。

昔はストローでレトルトカレー飲んだりしていたじゃない？ 最近もやっているの？

小麦アレルギーになっちゃったから、カレーは食べなくなったかな。パスタもラーメンもパンもそばもうどんも食べなくなった。だから、日本だとお米があるからいいんだけど、海外に行くとけっこう困るんだよね。外国に行ったときは、食べるものがあんまりないから、いつも肉ばかり食べているかもしれない。

おすすめの健康法を教えて！

🐾 prompt79 🐾

仕事とプライベートのバランスは？

オチアイは本当に忙しそうだけど、仕事とプライベートのバランスってどう考えているの？

……。私にはプライベートなんて存在しないから。仕事しかしていない。

あんまりかまってくれないなーって思ってたけど。長期のお休みとかはどうしてるの？

仕事しかしてないねぇ。夏休みや冬休みもないよ。

お正月休みとかもないの？

だいたい12月31日まで働いているからね。そのままに正月を迎えている。私は年末年始関係なく家や研究室で仕事をしているからなぁ。

お誕生日とかも祝っているの、あまり見たことないかも。ケーキ食べたりしないの？

誕生日は展覧会とかやっていることが多いかな。あと、小麦アレルギーだからケーキも食べられないしね。

仕事や勉強とプライベートのバランスはどう取ればいい？

* prompt80 *

お酒を飲むのはどんなとき？

……。じゃあ、お酒を飲んでハメを外したりする日はないの？　たとえば、大学の卒業式とかさ。

お酒を飲んでも、そんなに酔っぱらわないからね。よっぽど飲めば別なんだけど。あと、卒業式は仕事だから、飲んでもハメを外したりはしないかな。

展覧会の打ち上げとか、やらないの？

打ち上げをやるのはもうやめたんだよね。多分、28歳から29歳くらいから、一切打ち上げをやるのをやめたかな。

え、なんで！　打ち上げ、楽しそうなのに。

だって、私はものすごい数のプロジェクトをやっているから、毎日何かしらイベント事があるんだよ。もし全部の打ち上げをやっていたら、それこそ毎日打ち上げすることになっちゃう。それ、大変でしょ？ あと、打ち上げをやると、ものすごく疲れるんだよ。打ち上げをしないと疲れなくなったから、もう打ち上げするのをやめることにしたんだよね。

そういう考え方もあるのか……！

打ち上げをしなければ、「打ち上げをしたい」と思わなくなるから大丈夫。あとさ、よく考えてみると、プロジェクトが終わった直後ってみんな疲れているでしょ？ 本当は早く帰って寝たほうがいいのに、打ち上げをする。そして、さらに疲れてしまうんだよ。これは、私にとっては、本当にやめてよかった習慣のひとつだね。

じゃあ、会食はどう？ 誰か偉い人とごちそう食べに行ったりしないの？

会食はほとんど行かない。普通の経営者の人は会食に行く人が多いんじゃないかなと思うけど。私は会食に行って営業がてら仕事を取りに行くという考え方はあんまり好きじゃないから、行かない

ことが多いよね。

でもさ、人間ってお酒を飲んでストレス発散したりするんでしょ？ オチアイはどんなときにお酒を飲むの？

基本的には「お酒は飲みたいときに飲むもの」って思っているから。飲むときは朝から飲むよ。

機嫌がいいときとか？ それとも、誰かに会ったときとか？

まったく関係ないかな。「お、おいしそうな酒があるな。飲むか」っていう感じ。完全に自分の気持ち次第だね。

打ち上げや会食って何でするの？

● prompt81 ●

好きなお酒は？

どんなお酒を飲むのかな？

205

何でも飲むけど、ワインよりは日本酒のほうが好き。蒸留酒もまあ好きかな。あとは、ビール、ウイスキー、焼酎、ジン、ウオッカ、テキーラ、ラム……。

 だいたい何でも飲めるじゃん！

そうだね、だいたいどんなお酒でもおいしく飲んでいるかもしれないね。でも、ほとんど酔っ払わないんだ。

 意外と強いんだねぇ。

お酒やお菓子ってどのくらい飲んだり食べたりしていいの？

※ prompt82 ※

自分の中の執着とは どうやって距離を取る？

 ちょっと難しいこと聞いてもいい？「もしかしたら、自分は今何かに執着しているかもしれない」って自覚することってある？

あるよ。私が小さい頃からのいけない癖なんだけど、ほしい物や終わらせたい用事があると、ついそれに執着しちゃうんだよね。だから、ほしい物があるとすぐ買っちゃうし、探し物があると見つかるまで探しちゃう。動かないコンピュータがあれば、それが動くまで直し続けちゃう。あとは、「あと10分あれば何とかなりそう」っていう作業があると、延々とやり続けちゃうことかな。

それと前から思っていたんだけど、オチアイの机の上はけっこう綺麗だよね……僕はオチアイの机の上にはよく寝っ転がるし、部屋の中もよく散歩するから知っているよ。

机の上は何とか整理整頓するんだけど、常に散らかっている気がするな。片付けるスピードと散らかすスピードが同じなんだと思う。毎日片付けしている気がする。作業する以外のスペースは、けっこうモノが多いよね。

そういえば、最近部屋にシンセサイザーがいっぱいあるよね。歩きづらいなあと思うことも多いんだけど。

そうだね。シンセサイザーが床に積み重なってい

るよね。3日に1回くらい届くから、どんどんたまっていっちゃうんだよね。今20個くらいあるかな。

普通はシンセサイザーってそんなに部屋にたくさんあるもんじゃないよね？ なんでそんなに必要なの？

展覧会で使うから、インスピレーションが湧くと買っちゃうんだよね。展覧会が終わったら全部部屋からなくなって倉庫に行くと思う。でも、その頃にはきっと次の展覧会に向けてまた別のものが増えていると思うけど。

なるほどー、オチアイの部屋にものが多いのはそういう理由なんだね。探し物が多いのは、ものが多いからなの？

私はね、見つからないモノがあると、すぐ買っちゃうんだよね。いろんな人から「それは問題です！」って言われているんだけど。

え、どんなものを買っちゃうの？

まず、ケーブルは大量にあると思う。

そりゃそうだよね。シンセサイザーを20台買っちゃうんだから、オチアイなら、ケーブルなんて100本くらい買っちゃいそうだね。

多分、売るくらいあるね。数えてみたら、びっくりするくらいあると思う。もはや何本とか数えられるレベルじゃないんじゃないかな……。たとえば、Amazonの履歴とかを見てみると、同じバッテリーの充電器を14個は買っているね。しかも、最新の履歴が1カ月前。現場で割と使うものだから、5、6個はあっていいと思うんだけど、14個ってなるとちょっと多いような気もするよね。

なるほど。小さくて、よく使って、色が黒くて、なくしやすいものが、部屋の中に増えていくんだね。

この電源と同じような状態のものが、死ぬほどあるんだよね。しかも、完全になくしたわけじゃなくて、偶然後日見つかったりするから、ものが自然とどんどん増えていっちゃう。でも、なくして困ってしまうよりはずっといいから、やめられないんだよね。

そういえば、パソコンも2台持っているよね。

なくしやすい、壊しやすいってわかっているから、スマホやパソコンとか大事なものは2個ずつ持っているし、常にタイムマシーンでデータを同期させているよ。ただ、これだけ大きいモノだとあまりなくすことはないね。むしろ、常に何かしながら作業しているから、パソコンだと落として壊しちゃうことのほうが多い。そのリスクヘッジだね。

スマホは、1年間に何回くらい壊しているの？

前はしょっちゅう壊していたんだけど、今はほとんど壊すことはなくなったね。最近のスマホは衝撃に強いからちょっと落としたくらいじゃ割れなくなったし。あとは、スマホはホルダーをつけて首にかけるようにしたから、落として壊したり、なくしたりする回数は減ったかな。

ちゃんと対策しているんだね。

うん。荷物は3つ以上持つとなくすリスクが高まるって学習しているからね。だから、外出するとき、荷物を手に持つのは3つまでって決めているんだ。ただ、長期旅行のときは、4つ目の荷物としてスーツケースを持っていくね。さすがにスーツケースは大きいから、なくさない。

忘れ物やなくし物を
減らすコツは？

机の上の整理整頓の
コツは？

● prompt83 ●

パソコンは何を使っているの？

オチアイといえばいつもパソコンを開いているイメージがあるけど、どんなのを使っているの？

パソコンは、「MacBook Pro」。メモリが120ギガぐらいで、ハードディスクは8テラぐらいのものを使っているね。これは、やっぱ高いよ。1台あたり120万円くらいかかるやつを常に2台使っているからね。

すごい金額!! ちなみに、パソコンのモニターの裏に何枚も黒いテープが貼ってあるけど、これは何のために貼っているの？

これは単純にロゴを隠すためだよ。あと、現場でMac Bookを使っている人が多いから、複数台あったとき、自分のパソコンがどれかがすぐわかるようにする効果もあるよ。

オチアイのMac Book

おすすめの
パソコンは？

※ prompt84 ※

スマホは何を使っているの？

いろいろと対策を考えているんだねぇ。ちなみにスマホは何を使っているの？

「iPhone」と「Android」の2台を持っている。iPhoneは最新型が出ると毎回新しいのを買っているよ。Androidのほうは2年に1回くらい買い替えるようにしているかな。Androidは毎日持ち歩いていなくて、カメラ代わりに使うときに持ち出すことが多いよ。

おすすめのスマホは？

🌸 prompt85 🌸

日常の装備品はどんなもの？

> オチアイは普段どんな荷物を持ち歩いているの？

まず、この大きなヨウジヤマモトのバッグが1つ。あと、その中にやっぱりヨウジヤマモトの小さいバッグを1個入れておくことが多いかな。基本は<u>カメラ、スマートフォン、バッグの3つまで</u>。それ以上は持たないようにしている。スピーカーや楽器を持って外出することもあるけど、それはごくたまにしかないね。このルールを守っていると、旅先で何かを忘れる確率は圧倒的に下がるんだよね。

> なるほど、荷物は厳選しているんだねぇ。いつも持ち歩いているバッグの中身は何が入っているの？

カメラとスマホ、万年筆、シンセサイザーが2台。あとは、ミキサーとレコーダーとマイクかな。あと、360度カメラと有線のパイオニアのヘッドホンも持ち歩いているね。そのほか、4テラのSSDも持ち歩いているね。

> このゴーグルは何？

旅先には何を持っていけばいい？

VRゴーグルの「Vision_Pro」だね。グラス部分が汚れると困るので、いつも目の部分にクッションを置いて持ち歩いているよ。海外に行くときは、これに加えて「iPad Pro」を持っていくようにしているよ。

そんなにいろいろな音楽や撮影の機材を持ち歩いているんだね？ 何に使うの？

レコーダーは音の録音で、ミキサーはミキシング。マイクは音を拾うため。外で動画を撮影するとき、全部一人でも完結できるようにしたいからね。

オチアイはデジタルなイメージがあるけど、文具とかは持って行ったりする？

アナログな文具も持ち歩いているよ。まずは、「DERWENT」のノート。中学2年生くらいからずっと同じのを使っているね。あと、万年筆は「ファーバーカステル」の伯爵コレクションの万年筆を使っているかな。これもなくすと嫌だから、2本持ち歩くようにしているよ。

いつも持ち歩いているカメラはどんなのを使っているの？

今日持っているのは、ライカの「M11-P」だよ。私はライカのシリーズは全部持っているから、その日の気分次第で持っていくレンズとボディは入れ替えるようにしているね。

 時計は何を使っているの？

「Apple Watch」のエルメスシリーズを持ち歩いている。ベルトが二重になるタイプのものを使っているね。あと、レザーマンのブレスレットも定番だね。これは、ねじ回しやドライバーなどのマルチツールを、ブレスレットとして持ち歩けるから便利なんだよ。

 あれ、そういえば、お財布は持ってないの？

ないよ。スマホに電子マネーが入っているし、名刺入れにクレジットカードも入っているから、基本はどこに行ってもこれで済ませちゃうね。

 え、お財布を持っていないの！ キャッシュレスなんだね。

基本は電子マネーとクレジットカードで済んじゃ

うからね。あ、でも、どこかに千円札が1枚くらいは入っていると思うよ。ただ、私の場合、日本全国どこでも現金がないことで困るケースはほとんどないんだよね。コロナ禍が明けてから、海外のお客さんがインバウンドでやって来て、地方の決済システムが一気に進んだ気がする。これからの時代、観光客が行きそうな場所は全部キャッシュレスで支払えるようにしておかないと、トラブルが絶えないと思うしね。

そっかー、今はそんな時代なんだね。これでバッグの中身は全部かな？ すごいなぁ。持ち歩く荷物は、とことん選び抜いているんだね。

これまでの経験から、かなり最適化されているとは思うよ。これだけあったらどこにでも行けるし、どこに行ってもほとんど困らないかな。あ、あと毎日パスポートも持ち歩いているよ。

え、パスポートを毎日持ち歩いているの！

忘れて困るものは、常に持ち歩くほうが忘れないんだよね。私は海外出張が多いけど、その際パスポートは持っていないといちばん困るものだから、いつも持ち歩くようにしている。その結果、パスポートを持っていくのを忘れたり、どこかで

なくしたことは一度もないよ。逆に言えば、いつでもすぐに海外へ行ける状態かな。今からでも外国に行こうと思えば行けるよ。

毎日持ち歩いているものだけで、海外も行けちゃうってこと？

うん。現地で着替える洋服がないということ以外は、多分何も困らないと思う。今持っているガジェットをすべて充電できる充電器もあるしね。

それだけ荷物を最適化して、いつでも動ける状態にしているからこそ、オチアイはいろんな予定をこなせるんだろうねぇ。

私のカバンの中身を最適化して！

海外旅行であると便利なものは？

🐾 prompt86 🐾

ホーム画面はどうなっている？

オチアイのスマホとパソコンのホーム画面ってどんな感じになっているの？

うーん。実は、私のパソコンのホーム画面には何も表示できないようになっているんだよね。

あれ、本当だ。真っ黒だね！

パソコンには、通知も一切出ないようにしている。余計なものが出てくると気が散っちゃうから、基本的にはカーソルしか表示しないようにしているよ。あと、スマホのホーム画面はトラちゃんだよ。

……ほんとだ！ オチアイったら、意外と僕のこと好きなんだね（笑）。

この写真、私が撮影したんだけど、トラちゃんがタヌキみたいで可愛いいよね。けっこう気に入っているんだ。

私のスマホとパソコンに
おすすめのホーム画面は？

✦ prompt87 ✦

なんで猫が好きなの？

1日の中でゆっくりする時間ってあるの？

うーん、休みがないから、ゆっくりする時間はほとんどないかもしれないね。強いて言えば、トラちゃんとの時間かな。朝起きれば猫がいて、昼もふとした瞬間に猫がいて、夜仕事しているときも猫がいる。この環境はいいなぁと思うよ。

オチアイはさ、なんで猫が好きなの？

適当だからかな。昔、実家では犬を飼っていたんだけど、犬はすぐに寄ってくるからちょっとだけ「うっとうしいな」と思うことがある。なるべく寄ってこない生き物がいいんじゃないかな。

でも、寄ってこないといっても、お魚とかトカゲとかじゃイヤなんだよね？

魚やトカゲは触り心地が悪そうだからね。猫はわさわさした手触りだから好き。でも、やっぱり猫は自分勝手で、私にかまうことなく生きてくれる

からいんだろうな。

 ふーん、そうなんだ。マイペースな生き物が好きなんだねぇ。そういえば、オチアイも猫みたいにマイペースなだもんね。

私におすすめのペットを教えて！

prompt88
顕微鏡で観察しておもしろかったものは？

 オチアイが、顕微鏡で観察しておもしろかったものってある？ もし何かあれば教えてほしいな。

顕微鏡か。たしかにおもしろいものを見た記憶があるな。あ、ブラウン管や液晶をマイクロスコープで見たとき、おもしろかったなぁ。

 やっぱりちょっと変わったものを観察しているんだね、オチアイは。

人が見たことなさそうなものを見るほうがおもし

ろいじゃない？ 普段見られないような身近なものの細かいところをじっくり見て、そこからアイデアを得たりするのが楽しいんだよね。

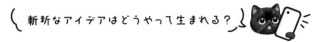

---

* prompt89 *

教育者として何をしているの？

オチアイは大学の先生でもあるんだよね。学校ではどんなことをしているの？

大学の教員としては、ゼミを開いたり、講義をしたりしているかな。

オチアイの研究って、「HCI (Human Computer Interaction)」と呼ばれる人間とコンピュータの相互作用に関するものだよね。なんでその研究分野を選んだの？

初めてコンピュータを使った6、7歳の頃から、人間とコンピュータのかかわりに興味があったからだろうね。大学2年生くらいからやっているから、

> かれこれ20年近くこのテーマについて扱っているね。

> 大学の教員として教える以外にも、ワークショップとか落合陽一塾とかも運営しているよね。それって、若者を育てたいっていう意識があるからなのかな？

> その意識はいつの間にか薄れてきたね。昔は真面目に考えていたけど、今はそこまで真剣に「後輩を育てよう！」という気持ちはなくなったような気がするな。多分、意識しなくても、それが自然にできるようになってきたから。今、いろんな教育プロジェクトにかかわろうとするいちばんの理由は、自分が楽しいからだと思うよ。

{ いま必要な教育って何？ }

* prompt90 *

生成AIが人間の教師の代わりになる可能性はある？

> オチアイってさ、実は教育に熱心だよね。日々、自分の知識を内外に発信しようとしているじゃない？

そんなに熱心ってわけでもないよ。普通の人と同じくらいだと思う。ただ楽しくやっているだけ。前は「自分の大学を作りたい」と思ったこともあるけど、今はそこまで思わなくなったかなぁ……。あと、今後は生成AIが教育に役立つだろうと思うから、その活用法についても気になるね。

人間の先生が生成AIに取って代わられる日も来るのかな?

取って代わられるかはわからないけど、生成AIは人のタイプに合わせて、全然違った教育を提供できるのが強みだから、どんどん使っていってほしいな。独学での勉強がすごくはかどるし、**生成AIは感情の相関度が高くて共感性があるから、人間の先生に質問するよりも質問しやすい**という話もあるからね。

そう考えると人間の教師よりも生成AIのほうが教わりやすいのかな?

そういう部分もあると思うよ。人間の場合は同じことを何度も質問されたらイライラしちゃうけど、生成AIなら何度同じことを聞かれても、同じ回答を無限に繰り返せるからね。

たしかに。人間の先生が同じことをされたら、どうしてもイラッとしちゃうだろうね。

すると思う。人間は、どうしても感情が絡んじゃうから、その辺は生成AIのようにはいかないよね。

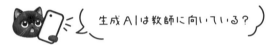
生成AIは教師に向いている？

prompt91
子どもの教育についてどう考えている？

昔に比べて、教育に対する考え方って変わったりした？

うーん、特に変わっていないかなぁ。

「こういうことを教えたい」とかないの？ 生成AIを早くから使わせたりしたいなぁとか。

子どもは自然に育つからね。あと、うちの子たちは、小学校に入る前からコンピュータを使っているから、もうすでに生成AIを使っているんじゃな

224

いかな？　でも、生成AIにしても、使い方については特に何か教える気はないんだよね。使えればそれで十分じゃないかな。

もうコンピュータを使っているんだね！　使い方を聞かれたりすることはある？

あんまり聞かれないかな。多分、自分で調べたり、それこそすでに生成AIに聞いたりしているんじゃないかと思うよ。特にやり方を教えずに、ただ好きに触らせているだけだね。親があんまりパターンを決めるのもよくないしね。

オチアイ自身が、子どもを持ったことで得た学びや気づきって何かある？

もちろんあるよ。子どもってたまにおもしろいことを言うんだよね。たとえば、この前も子どもに「怠惰だからついYouTubeを見ちゃう」って言われたことがあって。この「怠惰」という言葉を知っているのも驚くんだけど、しかもちょっといい意味で使っているようなので、その点も興味深いよね。彼らの視点はおもしろいなと思っているよ。

「怠惰」ってどんなときに使う？

prompt92
ライフワークバランスはどう考えている？

オチアイは起業家としても注目されているよね。

そうだね、ピクシーダストテクノロジーズという会社で、「人類と計算機の共生ソフトウェア基盤を構築する」という目標を掲げながら、波動制御ヘルスケア技術を活用した事業を展開しているよ。

ライフワークバランスはどうやって分けているのかな？

うーん、難しいな。散々言ってきたけど、私はあまり趣味の時間が取れないんだよね。というか、予定が詰め込まれているから、余暇で何かするってことはほとんどないかな。

そっかぁ。自分で「仕事が何パーセント、遊びが何パーセント」みたいに決めるんじゃなくて、予定をどんどんこなしていく感じなのかな。

ライフワースバランスってどうすればいいの？

🐾 prompt93 🐾

生成 AI は好きですか？

何だか変な質問かもしれないけど、オチアイって、生成 AI は好きなの？

好きだよ。そもそも AI というジャンルの研究を昔からやっているしね。流行語大賞の受賞者に選んでもらえるくらいには昔から使っているし、ある程度詳しいとも思っているよ。

生成 AI の嫌いなところはある？

あんまりないかな。生成 AI がある時代とない時代だったら、あるほうが絶対にいいと思うから。生成 AI ってツールだからね。「新幹線と飛行機を比べたら、新幹線が嫌い」ってことはあるかもしれないけど、単純に「新幹線が嫌い」ということはないでしょ？ それといっしょじゃないかな。

じゃあ、便利だから使っているんだね。

すごく便利だね。生成 AI がなかった以前の生活が考えられないくらい。欲を言えば、今より 2 倍ぐら

い性能がアップしてくれたら、本当にうれしい!

日常生活のどんなときに
生成AIを使うのがおすすめ?

prompt94
DJやVJ活動について教えて!

オチアイはDJやVJとしても活動しているんだよね。始めたきっかけは何だったの?

大学生のときに音楽をやっていたし、コンピュータグラフィックに興味を持っていたのも大きいよね。だから、DJやVJを始めるのに、特別な抵抗はなかったよ。

日ごろから、音もいろんなものを聴いたりするのかな?

そうだね、たくさんの音を聞くようにしているよ。パーカッションやオーケストラの音、それから自然の音とか。あとは、トラちゃんの鳴き声とか……。ジャンルは問わず、興味があるものは何で

も聞くようにしているね。その日の気分で、選んでいる。音は24時間どんなときでも聴くことができるから、いろんな音を楽しむのがいいと思うよ。

DJってかっこいいよね。僕もやってみたい！　もしオチアイがまったく無名で今からDJとしてキャリアを築くとしたら、何から始める？

「このジャンルから始めたらいい」というものは特にはないかな。何から始めてもいいと思うんだけど、やっぱり大事なのは自分に合うスタイルを見つけることだと思う。だから、<u>まずは自分が居たいコミュニティで音楽をかけ始めるのが大事</u>なんじゃないかな。

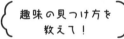
趣味の見つけ方を教えて！

🐾 prompt95 🐾

日々どうやってインプットしているの？

オチアイは、いつもいろんな情報をインプットしているよね。情報はどんなメディアで読むことが多いのかな。紙とかデータとか決めているものはある？

「毎日、新聞を読む」とか「このサイトをチェックする」とかそういう決まったものをチェックする習慣はあまりないんだけど、日々意識的に何かを読むようにはしているね。

どんなものを読むの？

毎日絶対に読んでいるのは論文かなあ。これはもう研究者である以上は、絶対に読まないとダメだと思っている。本数は特に決めていないけど、1日に5本か6本は読んでいると思うよ。

そのとき、生成AIとか使ったりするの？

うん、たまに使うこともあるよ。英語の論文を日本語に翻訳したりすることはあるね。私は要約するためにはあまり使わないけど、便利だから使っている人も少なくないみたいだね。

私に適したインプット法を教えて！

● prompt96 ●

「メタマテリアル研究」って何？

この前、Xで「メタマテリアル」って言葉が流れてきたんだけど、これどういう意味？

メタマテリアルっていうのは、**自然界には存在しない人工的に作られた物質**のことだよ。通常の材料では実現できない特性を持つように設計されているから、光や電磁波、音波などの反射や透過、吸収を制御することができるんだ。私の会社ピクシーダストでは、音響メタマテリアルの研究を進めていて、特定の音に特化した吸音が可能な素材の開発なども行っているよ。

さすが、詳しいんだね。その研究が進んでいる国ってどこなの？

以前は間違いなくアメリカがいちばん進んでいたと思う。でも、正直言うと、今はもうあまりどこも変わらないのかなと感じるよね。どこの国に行っても、そんなに差はないんじゃないかな。

そうなんだ。じゃあ、研究するためにわざわざ海外に行かなくても大丈夫ってことなんだね。

〈 メタマテリアル研究って何？ 〉

● prompt97 ●
死んだらどうなると思う？

オチアイはさ、いつも冷静だし、あんまり動揺したりしないよね。そんなオチアイでも、「死んだら自分はどうなるんだろう？」とか考えたりするのかな。

うーん、さすがの私も死んだらどうなるかは、正直、よくわからないな。人間は自分の死を自覚できないと言われているからね。**死ぬ直前であっても、実際に死ぬ瞬間までそれが「死」だとは感じ取れないんだろうと思う。**いや、死んでも、そのことに気づかないんじゃないかな。

オチアイは世界のいろんなところに行ってきて、「死ぬかも」と思うような危ない目にも遭ったことはあると思うけど、死にそうだなと思ったことはある？

ヒヤリハットを感じる瞬間はあるね。本当にいろんな場面があるよ。たとえば、車が急に飛び出してき

たり、レーザーで目を焼かれそうになったり……。

……。それはたしかにヒヤッとするね！

うん、本当にドキドキしたし、「あぁ、今自分は生きているんだな」と改めて再確認もするよね。一方で、日常的に命の危険がある仕事をしている人を見ると「日々生きているって実感するだろうなあ」と思ったりする。

ほかに「自分は生きているな」って実感する瞬間はある？

新しいことをしているときかな。それは、技術的負債の棚卸しにもつながるからね。

危ない目に遭ったときは、「怖い」と思うの？

ヒヤリとはしても実はあんまり「怖い」と思ったことないんだよね。日々、「死ぬときは死ぬんだろうな」と覚悟が決まっているからなのかもしれない。その点で言えば、周りの人と比べたら死に対する恐怖心はあんまり感じないほうなんじゃないかな。

死ぬのは怖くないの？

うん。なぜなら、怖いと感じるのも脳の機能の一部だから、死ぬときにはその感覚すらなくなっているのかもしれないなぁと思っているんだよね。だから、そこまで恐怖心がないのかもしれないなぁ。

 じゃあ「あんまり長生きしたい」とは思わないのかな？

まあ、ある程度は長生きしたいと思っているんだけど、健康に最低限気をつけることぐらいしかしていないかな。

🐾 prompt98 🐾

五感でいちばん敏感なのは？

五感の中でいちばん敏感だなって思うのは何？耳がすごくいいとか、色を区別するのが得意だったり、味覚がすごく敏感だったり……ってことはある？

自分が敏感なタイプかどうかはあまり自覚してないな。集中していると周囲が気にならなくなるタイプだから。あと、目と耳はそれなりにいいかな。味覚も得意だよ。利き酒みたいなのもできるよ。

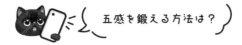
五感を鍛える方法は？

🐾 prompt99 🐾

落合陽一にいろんなことを聞いてみよう！

オチアイが、いちばん好きな色は何？

赤が好きだと思っていたんだけど、作品を見ると青ばかりなんだよね。実は青のほうが好きなのかも。

じゃあ、好きな花は？

 ヒガンバナだね。色がきれいだから。あれ、そういう意味だとやっぱり赤が好きなのかな……。

 たこ焼きのソースは何が好き？

 おたふくソースが好きだよ。

 野菜は食べているのかな？

 ちゃんと食べるようにしているよ。

 好きな女性のタイプは？

 うーん、てきぱきしている人がいいな。

 タピオカはどうやって飲む？

 ストローで飲むんじゃないかな。でも、ストローを使うなら、タピオカ用の太いやつがいいなぁ。

お気に入りの髪形は？

フワちゃんみたいな感じ。

✿ prompt 100 ✿

仕事のモチベーションはどうやって保っているの？

オチアイみたいな忙しさだったら、僕なら数日で逃げ出しちゃうだろうなぁ。これだけたくさん仕事をするうえでの原動力とかモチベーションとかってあるのかな。

あまり原動力とかについては考えないかな。毎日何となく生きているだけだから。

えー、絶対そんなことないでしょ。じゃないとそんなにたくさんいろんなことをやろうなんて思えないよ。

これは私がよく言うことなんだけどね、何かしら

の原動力がないと働けないようじゃ、まだまだあんまり忙しくないってことなんだよ。

……？　どういうこと？

原動力がないと働けないっていうのは、余裕がある人の発言だと思う。私は原動力がなくても働ける。なぜなら、余裕がないから、そんなことを思う暇もないってことだよ。次から次へとこなしていかないと、仕事は待ってくれないから。

すごい、ストイックだね。

あと、大事なポイントなんだけど、「自分にとって息をするようにできる仕事」を選ぶようにすると、モチベーションのことなんて考えなくなるよ。

……。それって、呼吸するのが仕事ってこと？

息をするのと同じくらい、自分にとって自然で楽な仕事を選ぶっていうことかな。好きなことだと何も難しいことを考えなくても、呼吸と同じように手をつけられるから。だからさっきのモチベーションの話で言えば、私はやる気がなくてもでき

るような仕事しか選んでやってないとも言えるね。

そういう仕事の割合って、どのくらいなの?

自分がそんなに頭を使わなくてもできる仕事は、全体の20%くらいかな。たとえば、論文を読んでコメントするとか。論文を読むのって難しそうなイメージがあるけど、何年も繰り返してきているからもはや脊髄反射的にできる作業のひとつだね。

仕事や勉強のモチベーションを
保つコツは?

忙しすぎるオチアイだけど
生成AI(と僕……)に
助けられてるんだろうなぁ～
やっぱりAIと僕ってすごい!!

落合陽一　Yoichi Ochiai

筑波大学でメディア芸術を学び、2015年東京大学大学院学際情報学府にて博士（学際情報学）取得。現在、メディアアーティスト・筑波大学デジタルネイチャー開発研究センター・センター長／図書館情報メディア系准教授・ピクシーダストテクノロジーズ（株）CEO。応用物理、計算機科学を専門とし、研究論文は難関国際会議SIGGRAPHなどに複数採択される。令和5年度科学技術分野の文部科学大臣表彰、若手科学者賞、「『現代用語の基礎知識』選2023 ユーキャン新語・流行語大賞」（生成AI）を受賞。内閣府、厚労省、経産省の委員、2025年大阪・関西万博のプロデューサーとして活躍中。計算機と自然の融合を目指すデジタルネイチャー（計算機自然）を提唱し、コンピュータと非コンピュータリソースが親和することで再構築される新しい自然環境の実現や社会実装に向けた技術開発などに貢献することを目指す。

構成　藤村はるな
ブックデザイン　塚原麻衣子
イラスト　ビビ with DALL-E3

猫でもわかる生成AI
～落合陽一に100のプロンプトを入力してみた～

発行日　2025年2月2日　初版第1刷発行

著者 …………………… 落合陽一
発行者 ………………… 秋尾弘史
発行所 ………………… 株式会社 扶桑社
　　　　　　　　　　　〒105-8070 東京都港区海岸1-2-20 汐留ビルディング
　　　　　　　　　　　電話：03-5843-8842（編集）
　　　　　　　　　　　　　　03-5843-8143（メールセンター）
　　　　　　　　　　　www.fusosha.co.jp

印刷・製本 …………… サンケイ総合印刷株式会社

定価はカバーに表示してあります。
造本には十分注意しておりますが、落丁・乱丁（本のページの抜け落ちや順序の間違い）の場合は、小社メールセンター宛にお送りください。送料は小社負担でお取り替えいたします（古書店で購入したものについては、お取り替えできません）。
なお、本書のコピー、スキャン、デジタル化等の無断複製は著作権法上の例外を除き禁じられています。本書を代行業者等の第三者に依頼してスキャンやデジタル化することは、たとえ個人や家庭内での利用でも著作権法違反です。

©Yoichi Ochiai 2025
Printed in Japan
ISBN978-4-594-09899-5